幽默减压

STRESS MANAGEMENT WITH HUMOR

陈国海　朱　婷◎著

暨南大學出版社
JINAN UNIVERSITY PRESS
中国·广州

图书在版编目（CIP）数据

幽默减压/陈国海，朱婷著．—广州：暨南大学出版社，2011.6
ISBN 978-7-81135-779-0

Ⅰ．①幽…　Ⅱ．①陈…②朱…　Ⅲ．①幽默（美学）—关系—压抑（心理学）　Ⅳ．①B83②B842.6

中国版本图书馆 CIP 数据核字（2011）第 039957 号

出版发行：暨南大学出版社

地　址：中国广州暨南大学
电　话：总编室（8620）85221601
营销部（8620）85225284　85228291　85228292（邮购）
传　真：（8620）85221583（办公室）　85223774（营销部）
邮　编：510630
网　址：http：//www.jnupress.com　http：//press.jnu.edu.cn

排　版：广州市天河星辰文化发展部照排中心
印　刷：湛江日报社印刷厂

开　本：787mm×960mm　1/16
印　张：11.5
字　数：190 千
版　次：2011 年 6 月第 1 版
印　次：2011 年 6 月第 1 次
印　数：1—3000 册

定　价：22.00 元

前言

当你生气时，不妨让幽默消除愤怒；当你尴尬时，不妨让幽默缓和气氛；当你疲惫时，不妨让幽默振奋精神。幽默可以使你充分地发泄压力带来的焦虑，走出压抑的情绪；幽默也可以使你摘下“严肃”这副面具，坦诚面对压力。恰当地运用幽默，它会发挥出神奇的效果。

也许我们都知道笑和幽默，但对它们的认识仍显得非常感性、朴素甚至是肤浅。人为什么会发笑？你能给幽默下个定义吗？幽默都是有益于健康的吗？我缺乏幽默细胞，能否使用幽默减压？要用幽默减压，我们该怎样做？本书将为你揭开这些谜团。

笔者就本书的主体内容曾经在二十多家企业、医院和学校作过讲座。这些单位包括：华坚鞋业国际股份有限公司、广州长运全程物流有限公司、贵州紫金矿业股份有限公司、贵州新恒基矿业有限公司、东莞市有有光电有限公司、广州市天河区红十字会医院、中山市古镇人民医院、福建省监狱管理局、华南理工大学工商管理学院、华南理工大学机械与汽车工程学院、广东外语外贸大学、深圳大学、广东工业大学、漳州师范学院、佛山科技学院、南华工商学院、广州民航职业技术学院、仲恺农业工程学院、广东省高级技工学院等。企事业员工、教师和大学生在听讲座过程中无不鼓掌欢笑，笔者的演讲不得不多次被打断，真正达到了让听众开心、放松和减压的目的。此外，许多听讲者加深了对笑和幽默的认识，加深了对它们与身心健康之间关系的认识，懂得如何在实际生活中运用幽默的工具来达到减压的目的。为了让更多的人分享到幽默减压的妙处和作用，笔者根据讲座内容整理成此书。

本书是继笔者第一本幽默专著《幽默领导》之后的另一本专著。它具有内容新颖、例证幽默、逻辑清晰、语言通俗、可读性强的特点。本书由笔者与广东外语外贸大学国际工商管理学院2009级硕士研究生朱婷共同撰写完成。

非常感谢华坚鞋业国际股份有限公司董事长张华荣先生慷慨解囊，资助本书的出版。感谢他近年来多次资助我出席幽默研究的国际研讨会。他是一位精力充沛、志向高远、乐于探索和珍视友谊的成功商人。

由于创作时间仓促，书中难免会有疏漏和不完善之处，欢迎读者批评指正。如若联系讲座，请发邮件至：mypeer2002@ hotmail. com。

陈国海
广东外语外贸大学教授
香港大学博士
2011 年 3 月 8 日

目 录

第二章　笑、幽默与健康

第三章　幽默风格与健康

第一章　认识和应对你的压力

《庄子·盗跖》里面有这样一段话："人上寿百岁，中寿八十，下寿六十，除病瘐死丧忧患，其中开口而笑者，一月之中不过四五日而已矣。"科技迅猛发展，竞争日趋激烈，烦恼越来越多，欢笑越来越少。莫怪压力太多，只是幽默太少。

1 解读压力

有这么一则小寓言：在一望无际的草原上，每天早上，一只非洲羚羊醒来，他就知道必须跑得比最快的非洲狮子还要快，否则他就会被吃掉；每天早上，一只非洲狮子醒来，他就知道至少要跑得比最慢的羚羊快，否则他就会饿死。因此，不管是狮子还是羚羊，太阳升起的时候就得开始起跑。

在物竞天择的动物世界里，唯一的生存法则就是奔跑和超越。人类社会也有相似的法则：只有不断地挑战和超越，才能享受生活的美好。动物面临生存的压力，人类也同样面临着生存和发展的压力，只是这种压力的来源更广，影响更大。

1.1 压力的定义

说到压力，我们会联想到焦虑、忧郁、紧张、压抑、压迫感等词，可是这些并不等同于压力。要给压力下一个恰当的定义并非一件易事，因为，对每一个人来说，压力并不一样。

一位乐观的牧师每个星期天祷告时，总习惯于感谢上帝带来的好天气。

有个星期天的早晨，天气异常寒冷，风雪交加，遍地泥泞，一些冒险出门的人想不出在这样的天气里，牧师在他的晨祷中会说出怎样的感激话。

令他们惊讶的是，牧师在祷告时说："上帝，感谢你很少给我们带来这样的星期天。"[1]

这位牧师是乐观的，也是幽默的。心怀感激的生活总是充满生机和活力的。春天不会永驻，天空也不是每天都阳光灿烂，苦中作乐是一种生活的境界。

对压力的定义很多，这里我们借用 Beehr 和 Newman 的定义。1978 年，Beehr 和 Newman 从刺激—反应的角度定义了压力：压力是一种条件，在该条件下，各种工作相关的因素和人们之间产生的交互作用，并且导致他们心理或生理的变化，使他们在心理或生理上偏离正常的功能状态[2]。外界刺激只有被人感知到了才会形成压力作用。就像“初生牛犊不怕虎”，没有感知到“虎”的厉害，“牛犊”就不会产生生命受到威胁的压力，所以也就不会害怕。

压力是压力源、心理评价、短期的压力后果、精神紧张和压力缓冲变量的函数。压力大小主要用以形容人的精神遭遇外界影响而带来的心理状态和精神状态。

压力实际上是人与环境的相互作用。一般情况下，压力源都是主观性压力源与客观性压力源的结合。主观性压力源主要来自于内心，即“心与灵的碰撞”，是自己内心的主观评价。客观性压力源主要来自于客观环境，比如工作给你带来压力，那么你的压力源就是工作。

压力既有阻碍性，也有挑战性，那么压力对我们来说到底是福是祸呢?

1.2 压力，是福还是祸

压力的产生是自然而然的，个人对压力的承受能力和心理状态影响着人们看待压力的态度。对一部分人来说，没有压力的生活索然寡味，没有意义，他们天生喜欢压力带来的刺激感，压力能激起他们的斗志，满足他们的挑战心理；而对另一部分人来说，压力就是灾难，他们不喜欢压力带来的紧张感和紧迫感，过大的压力使得他们的身心受到煎熬和摧残。

其实，压力就像是生活的调味品一样：压力太大，人们疲于应对，无暇尝试生活的美妙；压力太小，人们又不能品尝生活带来的挑战的刺激和获得相应的潜在收益。

管理心理学把对我们有积极作用的压力叫做良性压力，把对我们产生消极作用的压力叫做不良压力。对于良性压力，我们应该促进，就像某件事，我们预期到将会使我们的生活有转折，我们就会去争取机会努力完成它。本书后面章节中所说的克服压力，除了特殊说明之外，指的都是克服不良压力。

不良压力反应是由于环境要求与个体特征相互作用引起的个体焦虑性反应，是人与环境系统的机能障碍问题。认知评价是压力产生的基本条件，如单调的工作、枯燥的学习内容或者脾气暴躁的老板。因此，压力实际上取决于个人对压力源的评价、个体的眼光和心态以及个人承受压力的能力。

人们首先意识到压力源的存在并对其作心理评估，如果意识到压力源是有害的，就会对压力源作出反应。这种压力反应可能导致两种后果：一种是短期后果，如战栗、哆嗦；另一种是长期后果，如肠胃炎等慢性疾病。个体的反应和后果会因为个体、团体、环境特性的不同而不同。短期后果的持续作用有可能导致长期后果，我们一定要正确认识压力。

1.3　压力反应的三个阶段

20 世纪 30 年代，赛尔耶在研究卵巢萃取物的试验中意外地发现了老鼠的非特定不愉快感（试验中表现为胃溃疡、肾上腺肥大以及部分免疫组织萎缩），并借用工程界“压力”一词来形容这种感觉，开创了压力生理学[3]。

赛尔耶把压力状态描述成一种综合表现状态，即生理学上的所谓紧张，是由一些有特定顺序的事件造成的，这种紧张表现在人们身上是按一定顺序和阶段进行的，这个过程就是人们对某种压力的反应过程，赛尔耶把它称为“全身适应性综合征”。对此，赛尔耶提出了压力状态的三个阶段。

首先是“警戒反应阶段”。警戒反应是一种生理上的复杂反应，由产生紧张的事物，即“紧张源”激发。警戒反应引发身体某些特有指标发生变化，当身体处于警戒状态的时候，激素分泌打破了平时的平衡状态，此外还需要大量的维生素、泛酸和其他养料。

其次是“适应阶段”，也叫“抵抗阶段”。在这一阶段，身体会将压力反应系统调动起来，积极与紧张源进行斗争，在这一阶段，警戒反应将会消失。从表面上看身体好像恢复了正常，其实危险仍然存在，这一阶段会持续很久。

最后是“疲惫阶段”。长时间的紧张状态很耗费能量，能量的大量耗费类似于“油灯枯竭”，意味着身体容易患病，易发生器质性功能障碍，易导致身体抵抗力降低，这就是产生相关疾病的原因。

在我们生活的世界里，紧张源是无处不在的，紧张源随时可能激发我们身体的紧张反应，使人进入警戒反应状态，提醒我们注意这些紧张源的存在。

1.4 压力的征兆

要识别压力，首先我们就要知道压力会有何表现。压力通常会伴随着一些征兆出现，这些征兆就是提醒你该注意减压了。压力的征兆有四个方面：生理征兆、情绪征兆、精神征兆和行为征兆[4]。

1.4.1 生理征兆

某天你起床的时候发现自己头脑发胀，全身酸痛无力，但是你的脑海里面浮现的还是你有多少事需要处理。你可能疲倦不堪，身体感到痛楚，甚至心悸，这就是压力来袭的症状。

在压力的状态下，首先，我们会感到头部、颈部、背部、腰部的肌肉紧张，这就是一种早期的预警。其次，食欲激增或者食欲不振、厌食、消化系统出现异常，也是压力的信号。再次，皮肤也能给你带来压力的预警信号。皮肤起斑点、干燥脱皮、刺痛等都是典型的压力反应征兆。皮肤对压力是很敏感的，突然的压力可能使你的皮肤起鸡皮疙瘩，你可能形容你受惊吓的时候“毛骨悚然”。

1.4.2 情绪征兆

情绪征兆与个性有关。比如说，一个平时性格温顺的人，忽然之间变得容易烦躁，喜怒无常，说明他可能正处于压力之下。

情绪的不良变化既可能是激动、烦躁或者异常具有攻击性，也可能是消沉、冷淡、忧愁或者强烈的不快和失落感。压力状态下的人通常对事情无法作出正确的判断。压力过大容易使自己与外界隔离，产生疏远感，对自己丧失信心，丧失自我认同感。

1.4.3 精神征兆

压力的精神征兆表现为神情恍惚，注意力难以集中，或记忆力呈下降趋势，可能会导致作出某些错误的判断。压力可能还表现为持续地对自己以及周围的环境持消极的态度，造成与周围人群的关系紧张，导致自己精神压力更大，情况变得更坏，这也是一种连锁反应。

1.4.4 行为征兆

人的行为也会受压力的影响，处于压力之下你可能产生焦虑感，坐立不安，睡眠紊乱，失眠，或者每天处于昏睡状态，没有活力。这些都是压力的典型行为表现。性欲减退也是压力的常见症状，这将导致夫妻生活的不和谐，从而扩大压力源。

踢猫效应

某公司董事长为了重整公司事务，许诺自己将早到晚回。有一次，他看报看得太入迷以致忘了时间，为了不迟到，他在公路上超速驾驶，结果被警察开了罚单，最后还是误了时间。这位老董愤怒至极，回到办公室时，为了转移别人的注意力，他将销售经理叫到办公室训斥了一番。销售经理挨训之后，气急败坏地走出老董办公室，将秘书叫到自己的办公室并对他挑剔一番。秘书无缘无故被人挑剔，自然是一肚子气，就故意找接线员的茬。接线员无可奈何垂头丧气地回到家，对着自己的儿子大发雷霆。儿子莫名其妙地被父亲痛斥之后，也很恼火，便将自己家里的猫狠狠地踢了一脚。[5]

对于这些压力的症状，千万不要忽视它们的存在，“针孔大的洞，能漏进桶粗的风”。无论是哪方面的征兆都必须小心应对，有了预防压力的意识才能成功地对付消极的压力。

2 评估你的压力

心理压抑几乎是21世纪最严重的健康问题之一。心理学家英格里希认为，心理健康是一种持续的心理状态，当事者在那种状态下能作出良好的适应，具有生命的活力，且能充分发挥身心的潜能，这是一种积极的、丰富的状况，不只是免于心理疾病而已[6]。

心理健康是我们已经无法保持缄默的话题。生活中主要存在以下六种压力：工作/学习压力、时间压力、经济压力、身体压力、人际压力、心理压力。现在我们就来评估一下你的压力。

2.1 工作/学习压力

在工作中，潜在的压力源无处不在，清点一下你周围可能成为压力源的人或事是解决压力的第一步。

工作压力在很大程度上来自于上司。上司不关心你具体怎么做，关心的只是最后的结果是否能够令他满意。无法完成工作、与上司关系紧张、上司特别吝啬或待人不公等导致的压力，都属于工作压力。

工作压力还来自你工作的性质。你怎么看待你的工作，如果你对你的同事或者下属不是很满意，工作中与同事、下属相处不和谐的话也会给你带来压力。

现实与理想的差距也是工作压力的来源。我们通常会寄很大希望于未来，但是现实与理想的差距通常会把我们的梦想打碎，我们可能失去目标，失去航向。失去了目标，我们会萎靡，会丧失执行力，甚至失去生存的意义。

表1-1是一个工作压力测试表。

认真考虑一下你的压力，做一份压力测试，看看你的压力到底有多大。请在相应的选项后面打钩。

表1-1 工作压力测试表[7]

编号	问题	从不	不常	有时	经常	始终
1	你是否经常感觉自己的权力不够大，以致无法完成任务？	1	2	3	4	5
2	你是否经常对自己的工作范围和职责不清楚？	1	2	3	4	5
3	你是否经常不知道有哪些适合于你的提升以及晋职机会？	1	2	3	4	5
4	你是否经常觉得自己的工作量过大，在一个工作日中不可能完成？	1	2	3	4	5

（续上表）

编号	问题	从不	不常	有时	经常	始终
5	你是否经常觉得自己无法满足周围人对你所作出的相互矛盾的要求？	1	2	3	4	5
6	你是否经常觉得自己不完全称职？	1	2	3	4	5
7	你是否经常不知道上司对你的看法是怎么样的，不知道他/她怎样评价你的表现？	1	2	3	4	5
8	你是否经常得不到完成某项任务所需的信息？	1	2	3	4	5
9	你是否经常担心作出某些决定会影响一些你认识的人的生活？	1	2	3	4	5
10	你是否经常感觉自己不被同事们喜欢或接受？	1	2	3	4	5
11	你是否经常觉得自己没有能力对直属上级所作出的、涉及自身的决定和行动施加影响？	1	2	3	4	5
12	你是否经常不知道和你在一起工作的同事对你的期望是什么？	1	2	3	4	5
13	你是否经常认为你所承担的工作的数量会妨碍它们的圆满成功？	1	2	3	4	5
14	你是否经常觉得工作中不得不做的事情会影响你的判断力？	1	2	3	4	5
15	你是否经常觉得工作打扰了你的家庭生活？	1	2	3	4	5

所有题目得分相加得出的总分就是你的得分，测试结果参照以下分析：

61～75分：你身上存在着高度的压力，而且已经失控。你肯定要遭受压力的磨难。

46～60分：你经常感觉自己在承受着压力，可能会失控。在这个级别上，你可能会遭受某些形式的来自于压力的痛苦。

31～45分：大多数时间里，你都可以很好地控制事情，但是偶尔某些情况也会引发一些压力。

15～30分：这么低的分数，表明你在工作中几乎没有受到什么压力，总觉得事情在自己的掌控之中。

学习压力，是指人在学习活动中所承受的精神负担。对于学生来说，父母和社会的期望是最大的压力来源。学生起居的细节，甚至包括饭量的大小，这些都是压力大小的指标。如情绪低落、记忆力下降和注意力不集中等，就有可能是压力过大造成的。

目前，大学扩招让越来越多的年轻人接受了高等教育，但世界工厂和权贵经济的现实却给这一代的就业造成不良影响。尽管各高校的统计资料显示就业率均在 80% 以上，但每年都有上百万的年轻人遭受“毕业即失业”的困境，成为“啃老族”并不是其所愿。

成人也有学习的压力，学习不仅仅是对于孩子来说的，发展的社会随时需要“充电”，否则就会被社会淘汰。为了证书，为了职称，投身学习参加考试也难免。因此，需要正确评估你的学习压力。

2.2 时间压力

时间管理几乎是每个人都头疼的问题，大量的工作意味着你几乎没有时间休息，没有时间陪家人，甚至没有时间来思考。另外，在充斥着不确定性的局势中，团队成员会面临对信息、知识和反馈意见存在多种解释的难题，随时有可能被新的任务、新的事情打扰。只有做好时间管理，才能使工作有条不紊。

下面我们就来做一个时间管理的测试。请在相应的选项后面打钩。

表 1－2 时间管理测试表[7]

编号	问题	几乎总是	大多数是	有时是	几乎没有
1	电话时常打扰我，通话时间奇长无比。	0	1	2	3
2	不速之客常常令我不能专注于自己的工作。	0	1	2	3
3	讨论时间大多很长，但我从中受益甚微。	0	1	2	3

（续上表）

编号	问题	几乎总是	大多数是	有时是	几乎没有
4	有的工作时间很紧迫，任务繁重，所以我常常觉得棘手，故而总是推迟，或者从未把它们完成过，因为我总是静不下心来。	0	1	2	3
5	没有明确的先后次序，我总是想一口吃成个胖子，我经常纠缠于琐事，而不能集中精力做最重要的工作。	0	1	2	3
6	由于常常屈从于压力，我才遵守我的时间表。因为有些事难以预料，或者我打算做的事情太多了。	0	1	2	3
7	我书桌上的文件和电子邮件堆积如山，回复与阅读需要很多时间。	0	1	2	3
8	与他人沟通严重不足，信息交流迟滞，误解甚至摩擦时有发生。	0	1	2	3
9	我常常做一些别人也可以做的事情。	0	1	2	3
10	当别人有求于我时，“不”字很难说出口，即使我还有自己的工作要完成。	0	1	2	3
11	在我的生活中，工作与个人的目的性不明确，每天毫无意义地疲于奔命。	0	1	2	3
12	有时我缺乏自律，难以实施自己的计划。	0	1	2	3

所有题目得分相加得出的总分就是你的得分，测试结果参照以下分析：

0 ~ 17 分：没有时间计划，人云亦云，既不能驾驭自己，又不能领导他人。

18 ~ 24 分：你努力控制自己的时间，但是不够持久，因而不能持续取得成就。

25 ~ 30 分：你的时间管理得不错，但是还可以更上一层楼。

31 ~ 36 分：祝贺你，每个想学习和时间打交道的人都可以拜你为师了，让别人来向你取经吧。

2.3 经济压力

家庭需要供养，每月银行的催款单、孩子的学费、父母和家庭的生活费、医疗保险、房屋租金或供房款，这些都等着你来支付，如果薪酬不是很丰厚的话，这些都将成为你经济压力的来源。

人到中年，事业终于进入了巅峰期，与之相对应的，家庭负担也是最重的。老人需要赡养，未成年的儿女正处于接受教育阶段，既需要钱又需要时间。而大部分中年人的收入并不高，因此，生活的经济压力是相当大的。另外，随着教育成本的增加，子女抚养、教育负担成为都市人生活的“头号压力源”。

评估经济压力，就要考虑清楚目前你家庭开销的收支平衡状况，再与你心目中的理想状态相比较，分出各项经济压力的等级。

2.4 身体压力

目前，心血管系统疾病问题年轻化的趋势引起了社会的普遍重视。由于经济压力等原因使得白领群体心脑血管和消化系统疾病发生率猛增，出现“生理年龄”超过“自然年龄”的现象。

身体健康压力主要来源于两个方面：第一是由于现代生活水平的提高而引起的代谢紊乱疾病，也就是我们平常所说的“富贵病”；第二就是由于劳累等原因造成的问题，通常与作息不规律、饮食无周期、缺少锻炼、精神压力大等因素联系在一起。

健康是生命的本钱，拥有健康的体魄才能为事业、为生活奋斗。身体疾病及缺陷都有可能是你的压力源。评估你的压力大小必须把身体的承受能力考虑进去，如果身体不能胜任你目前所担当的工作，那么你就必须适可而止了，不能让身体承受“不能承受之重”。

2.5 人际压力

在我们的工作和生活中，很多地方讲究团队合作。好的人际关系可以帮助我们解决问题，但是如果人际关系处理不当，就会给我们带来很多现实的压力。

表 1 - 3 是一个人际关系测试表。请在相应的选项后面打钩。

表 1-3　人际关系测试表[3]

编号	问题	完全符合	基本符合	难以判断	不太符合	完全不符合
1	我到朋友家做客，会先看看有没有不熟悉的人，如果有，我的热情会下降。	2	1	0	-1	-2
2	我见到陌生人常常觉得无话可说。	2	1	0	-1	-2
3	在陌生的异性面前，我常常感觉手足无措。	2	1	0	-1	-2
4	我不喜欢在大庭广众场合讲话。	2	1	0	-1	-2
5	我的文字表达能力比口头表达能力强。	2	1	0	-1	-2
6	在公众场合讲话，我不敢看听众的眼睛。	2	1	0	-1	-2
7	我不喜欢广交朋友。	2	1	0	-1	-2
8	我的要好的朋友很少。	2	1	0	-1	-2
9	我只喜欢和我谈得来的朋友讲话。	2	1	0	-1	-2
10	到一个新环境，我可以连续几天不讲话。	2	1	0	-1	-2
11	如果没有熟人在场，我感觉很难找到彼此交谈的话题。	2	1	0	-1	-2
12	如果我要在“主持会议”和“做会议记录”中选一样，我肯定只选后者。	2	1	0	-1	-2
13	参加一次新的集会，我不会认识多少人。	2	1	0	-1	-2
14	别人请求我帮助，而我无法满足对方的要求时，常觉得难以处理。	2	1	0	-1	-2
15	不是万不得已，我不会求助于人，因为很难开口。	2	1	0	-1	-2
16	我很少到同学、朋友、同事家去访问或闲谈。	2	1	0	-1	-2
17	我不习惯和别人聊天。	2	1	0	-1	-2
18	领导、老师在场时，我讲话特别紧张。	2	1	0	-1	-2

（续上表）

编号	问题	完全符合	基本符合	难以判断	不太符合	完全不符合
19	我不善于说服人，尽管有时我很有道理。	2	1	0	-1	-2
20	有人对我不友好时，我常常找不到恰当的对策。	2	1	0	-1	-2
21	我不知道怎样同嫉妒我的人相处。	2	1	0	-1	-2
22	我同别人发展友谊，多数是别人采取主动态度。	2	1	0	-1	-2
23	我不善于赞美别人，感到很难把话说得自然、真切。	2	1	0	-1	-2
24	别人话中带刺揶揄我时，除了生气，我别无他法。	2	1	0	-1	-2
25	我最怕做接待工作和同陌生人打交道。	2	1	0	-1	-2
26	参加集会，我总是坐在熟人旁边。	2	1	0	-1	-2
27	我的朋友都是同我年龄相仿的。	2	1	0	-1	-2
28	我几乎没有异性朋友。	2	1	0	-1	-2
29	我不喜欢同地位比我高的人交往，因为这种交往很受约束，一点也不自由。	2	1	0	-1	-2
30	我很难处理好朋友的尴尬场面。	2	1	0	-1	-2

所有题目得分相加得出的总分就是你的得分，测试结果参照以下分析：

大于 30 分：你的人际关系状况很差，急需改善。

0 ~ 30 分：你的人际关系状况较差。

-20 ~ 0 分：你的人际关系一般，有待加强。

小于 -20 分：你的人际关系很好，你是一个善于交往的人。

2.6 心理压力

心理压力是指个体在生活适应过程中的一种身心紧张状态，由于环境要求与自身应对能力不平衡而产生的。心理压力主要来源于生活改变、生活琐事、心理挫折和心理冲突。其中心理冲突是指个人因为同时怀有两种动机而无法兼得满足产生的一种心理困境。心理压力是消极情绪长期作用于人的结果。

我们发现，如果一个人的本质或者性格是健康而坚韧的，他就可以做好情绪管理，减少不良压力。具有健康而坚韧性格的人面对压力时，就不至于慌乱失措、情绪波动，所展现出来的生命将会是一股平稳的气息。因此，做好心理测量十分必要。目前心理测量的资源较多，很多地方都给出了具体的测量方法和项目，有助于我们进行有针对性的心理压力测评。

3 应对压力的策略与方法

面对压力，应该把握心理平衡，要有正确的态度和恰当的处理方法。既然压力是不可避免的，那么应该如何控制好自己的情绪，管理好自己的压力呢？

3.1 应对压力的策略

下图所示的方法都是应对压力的策略[8]。如果能从这四个方面对压力发起攻击，你的生活将会重新恢复平衡。

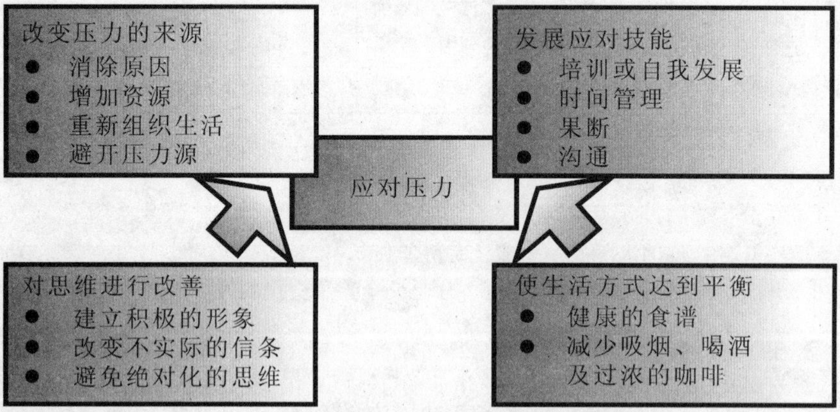

应对压力的策略

3.1.1　改变压力的来源

动用你的人力、物力、财力等来增加你可用的资源，这样能帮助你解决掉部分压力。改变你周围的环境，包括家庭环境、工作环境、生活环境等，比如，变动物体摆设或者是改善与人相处的方式，你可能会收到意想不到的效果，直接解决压力，间接减少或避免压力源。

避开压力源并不等于躲避压力源。躲避压力源通常不被认为是一种明智的做法。压力源事实上是存在的，躲避它不代表它不对你起作用，并不能将它对你的影响完全消除。而避开可能是脱离那些让你感觉不快的尴尬的工作、人际关系或者生活空间，不去触碰那些让你感到压力的人或事，即俗话说的“眼不见，心不烦”。

3.1.2　发展应对技能

有些造成压力的事件是你不可能避免的。比如，工作对你很重要，但是老板布置的任务让你有点不能胜任，那么你就要考虑一下是否需要发展压力应对技能了。如果你的工作总是被一些小事打扰，可尝试不同的处理方法，比如集中起来一次性处理完；如果你容易被一些摆放于你工作台或书桌上的小摆设、小饰物分散精力，不妨对那些分散你注意力的东西来一次大清除或大整理；如果你的工作本身比较繁杂，可尝试一下列出清单来，先急后缓，一个一个解决。

处理压力的管理技能大概包括学会管理时间、提高工作技能、增强人际交流能力、改善沟通技巧、培养个人魅力、学会劳逸结合等。正确的计划能帮助你有效管理时间；提高工作技能有助于你用更少的时间完成更多的工作；好的人际关系能够营造一个和谐的周围环境；劳逸结合能帮助你实现身心的全面放松。

3.1.3　对思维进行改善

不要小看思维的能力，改变你的想法就是改变你的压力。压力是你感知到的痛苦，你的想法刺激你的情绪，所以你才会对它有认识。你不能改变你所处的环境，但是你能改变自己的想法。在某个场合，如果你坚持自己是一个可以忽视的配角，那么你就会发现，你真的融入不到这个气氛中去；如果你确信自己是今天的主角，你将会发现，所有的笑容都是为你而绽放的。

一位推销员接到老板的通知，要他在大会上报告十分钟。他一想到那么隆重的场合、上司严肃的面容、同事们的戏谑心态，就紧张得坐立不安，甚至还想到请假或者干脆辞职算了。终于他转了一个念头，对自己说："反正一百年以后，在座的人与我全部都会消失，我又何必害怕呢?"压力解除了，他上台之后侃侃而谈，得到了大家的肯定。

做任何事情，如果我们拥有积极的建设性的思想的话，我们往往能够释放压力，屡获成功；而消极沮丧的思想往往意味着悲惨的结局。"屡战屡败"与"屡败屡战"两种完全不同的思维方式必将导致两种不同的命运。凡是成就伟大事业的人，一般都拥有积极的心态，对事物有积极的印象，也许就是由于这种微妙的暗示，他们能够满腔热情、斗志昂扬，从而消除压力。

当然，积极的思维并不是说要好高骛远，而是设置适当的目标去挑战。你要有接受失败的准备，还要有失败后奋发向上的激情。幽默的思维是人类精神健康的调节剂，学会适当运用幽默，也是改变思维的一种好方式。

3.1.4 使生活方式达到平衡

拥有健康的体魄，生活才会精彩。压力会对身体产生威胁，而健康的体魄又能够帮助处理压力，这是一个相互作用的过程。

健康的食谱、良好的饮食习惯有助于减轻压力。烟是健康杀手，请尽量减少吸烟；饮酒适量；少喝过浓的咖啡，咖啡可以提神醒脑，但是若连续过量的话，会导致血压升高、心跳加速、头痛等问题；坚持锻炼能让你保持健康的心脏和良好的呼吸、血液循环。这些都是对抗压力的良好武器。

发展个人兴趣和爱好能增添你生活的乐趣，让你紧张之余有精神寄托。有些兴趣能够锻炼你的大脑，激发你的灵感。兴趣和爱好还是交友的好方式，与有共同兴趣的人交流，不仅可以锻炼你的表达能力，而且能够改善大家的关系，结交更多的朋友。

3.2 应对压力的方法

压力就像一杯水，重量并不重要，重要的是你能端它多久。一分钟，谁都能做到；一个小时，手可能会酸；一天，可能得进医院治疗了。水的重量还是一样，但是端得越久，就越觉得沉重，对你的伤害也越大。

应对压力的方法有很多，比如运动、结交朋友、唱歌、聊天、休闲、购物、读书、听音乐、练瑜伽等。但是压力的处理方法因人而异。按心理活动的倾向的不同，人可以分为外倾型和内倾型两种性格。外倾型性格的人活泼开朗善于交际，对新事物比较敏感；内倾型性格的人冷静沉着顺应困难，对新事物反应迟缓[9]。下面我们针对外倾型和内倾型这两种不同性格，相应介绍几种不同的应对压力的方法。

3.2.1 外倾型处理压力的方法

如果你是一个外倾型的人，下面的方法可能有助于解决或缓解你的压力：

● **运动** 适当的运动，比如跑步、游泳、爬山、击剑、拳击等，不仅可以增强体质，还可以稳定心情，唤起积极情绪。运动可以促进人体各种系统功能旺盛、协调，还可以通过运动参与各种社交活动，提高人的生活质量，增加生活乐趣。运动可以增加人的肺活量，使得气体与外界循环，交换充分，改善心肌供氧，增强大脑皮质的兴奋和抑制功能，减少沮丧和焦虑等不良情绪，从而减少工作生活的压力。

● **结交朋友** 人是有社会属性的，结交朋友能够满足归属感和关爱的需要。与朋友相交，能让人感觉轻松、释放和解脱。交友的感觉和期望是幸福而令人陶醉的，同时交友也是一种很好的释放压力的阀扣。你可以和朋友不带防备地交流，可以尽情倾诉你的苦闷，可以从朋友真实的话语中重新审视对生活的态度。竭力营造你的朋友圈，能够分散你停留在压力和忧郁上的注意力，让自己过上快乐无忧的生活。

● **唱歌** 有这样一个趋势：大家吃喝过后喜欢一起去 KTV 房唱歌。唱歌作为一种很流行的休闲方式，自有它的好处。首先，它是一种朋友聚会的方式，现代科技发达了，音乐流行普遍，每个人都可以唱几首；其次，音响设备可以的话，唱出来的音效也好，既可以放松精神，又可以减轻压力。有时候感觉压力过大，感情无处发泄，又无法用语言表达，唱歌倒是一种好方式，可以让自己全身心放松。

3.2.2 内倾型处理压力的方法

如果你是一个内倾型的人，可采取以下的方法解决或缓解你的压力：

● **聊天** 聊天有很多种方式，约三五个朋友天南海北随意聊，与自己的知心好友促膝长谈，上网和陌生人胡吹海侃，玩游戏时和游戏里面的人大吼等。压力聊一聊可以放松，想法聊一聊可以成真，苦恼聊一聊可以释怀，幸福聊一聊可以加倍！聊天，就是有这么神奇。压力只要能说出来就能解决，忙里偷闲，茶余饭后，短暂的聊天时间不仅可以放松你的心情，而且可以增长见识、开阔眼界，甚至激发灵感。

● **休闲** 我们在学校受到的教育几乎都是教我们如何学习、如何工作，但是几乎没有老师教我们怎么休闲，于是大多数人对休闲都不是太在意。事实上，决定生活品质的，就是休闲。

压力就像网一样把我们困在其中，而休闲就是能够使我们完全恢复自我的机会。完整的休闲观念能够使生活丰富有趣。休闲可以发展自己独特的兴趣和爱好，凸显自己的品味。

著名作家和幽默大师林语堂是一个极会享受生活的人，得空就会尽情玩乐。他规定自己每年"出产"一部作品。"新产品"出来以后，他就放自己一两个月假，出外旅游。他喜欢旅游并且懂得从旅游中寻找乐趣，甚至有时候会把整个假期都消磨在世界著名的赌城里。但是他赌得有分寸，绝对不会着迷，输了钱就会坦然离去。他觉得钱买到了快乐就行，输了钱以后就可以安心回家工作了。[10]

有人说，工作是自我实现，而休闲就是自我超越。休闲能够让你全方位地看问题，很多时候，你需要找到一个没有压力的活动来解放你满是负荷的身心。

● **购物** 在这个充满竞争、压力巨大的物质社会，如果能在繁忙的工作中抽出时间，穿梭于商场的各个角落，为自己买心仪的东西，绝对是一种享受。

花花绿绿的商品能够转移注意力，使你不再专注于带给你压力的事务，能够满足人的欲望。集中购物，偶尔爆发一下，会有新鲜感和刺激感，能在一定程度上弥补自己内心的某些缺憾。

2007年9月15日，中国女足以0：4不敌巴西，中国队的出线前景陡然黯淡，女足队员们身上的压力也变得异常之大。为了缓解压力，主教练多曼斯基在球队抵达天津后推出了一系列的减压计划，划船、购物一个也不少。多曼不仅取消了下午的训练，而且还带着全体队员到天津水上公园和商业步行街购物。逛街购物，对于中国女足来说，这种放松机会是很少的，她们已经很久没有享受过这样的待遇了，上一次外出放松还要追溯到世界杯前在澳门与英格兰队比赛时。而用多曼的话说就是："赛前游玩和购物，这是减轻压力的最好方式。"[11]

购物的另一个好处就是享受角色转换。生活、工作中服务于人而产生压力，而购物让你享受"上帝"的待遇。购物能让你撇开压力，能带来物质的满足以及自我认同感。

● **练瑜伽** 瑜伽来自于印度，练瑜伽能增强体内代谢功能，使身体富有弹性并充满活力。由于其能够治疗各种疾病、减肥、增强柔韧性、缓解压力等多种功能，逐渐成为一种大众化的健身及放松神经的方式，被生活和工作压力越来越大的都市人认可并接受。瑜伽借由一些扭转弯曲伸展的静态动作及动作间的止息时间，刺激神经和肌肉系统，瑜伽的冥想要求人达到心神一致的境界，因而有镇静神经的功效，可减轻消极情绪。

减压的方法很多，究竟哪种适合你，只有结合你的实际情况才能作出判断。及时、适当地缓解心理压力、调节情绪，为压力找出口，这才是我们的目的。

4 幽默：减压新视角

4.1 认识幽默的价值

大量研究表明，幽默的人会有更高的主观幸福感和乐观的人格。幽默在领导、沟通、修身养性、创作、营销、艺术等方面，都体现了它的价值。

4.1.1 领导

幽默是领导的风格，将幽默运用于领导，既活泼又不失庄重。幽默的领导能使平淡的工作变得有趣，使气氛变得活跃；幽默的领导有良好的文化素养和丰富的文化知识，善于化解矛盾和尴尬；幽默的领导魅力无限，能更好地赢得下属的尊重和爱戴。成功地将幽默用于领导，会让人感觉愉悦而富有亲和力。

博鳌亚洲论坛2005国际文化产业会议举行隆重的开幕式。博鳌亚洲论坛理事长、菲律宾前总统拉莫斯先生作为第一位主讲嘉宾上台演讲，他的开场白令人耳目一新：“我的秘书长龙永图先生叫我讲得简短些，我也不想太啰唆，如果需要我的发言稿，请你们到网站上去查好了。”接着，他把发言稿放在一边，像喜剧大师一样大声说道：“欢迎大家来参加今天的论坛。我想各位可以和你们前后左右的与会者握握手，认识一下。”台下的嘉宾愣了片刻，他督促道：“左边握握手，右边握握手。”顿时整个会场气氛活跃起来。[12]

4.1.2 沟通

幽默可以帮助人们提高交际能力，善于使用的人善于沟通。高尚的幽默显示个人的独特魅力，帮助你化解压力，激活人脉。

幽默包含人际交往的艺术，它有趣而富有感染力，并且具有普遍意义，能使社交气氛轻松、融洽，能够使人喜笑颜开，忘记烦恼，利于交流。幽默语言是一门礼貌的语言，甚至比礼貌语言更高级，因为它是没有固定程序可言的，表现出即兴的、瞬时的、灵活的特征，有创造性而不落俗套。

在人际交往中，还可以寓教育、批评于幽默之中，具有容易为人所接受的感化作用。

在公共汽车上，因拥挤而争吵之事屡有发生。售票员扯破嗓子喊“不要挤”，仍无济于事。忽然，人群中一个小伙子嚷道：“别挤了，再挤我就变成相片啦。”听到这句话，车厢里立刻爆发出一阵欢乐的笑声，人们马上便把烦恼抛到了九霄云外。

在饭馆里，一位顾客把米饭里的沙子吐出来。一粒一粒地堆在桌上，服务员看到了很难为情，便抱歉地问："净是沙子吧？"顾客摆摆头说："不，也有米饭。"

4.1.3 修身养性

幽默在修身养性方面的价值主要体现在幽默能够宣泄不良情绪、自我解嘲等方面。

幽默能够宣泄不良情绪。压力来源于情绪的不满和波动，当情绪失控的时候可能会导致行为的失控，而防止不满情绪以及情绪波动的最好办法自然就是幽默了。幽默是排解有害情绪的有效手段。如果你老是把有害情绪留在心里，就这么压抑着，迟早是要出事的。但是，幽默能化解愤怒，帮助人从另外一个角度看问题[13]。

有一位年轻小伙子刚刚考取汽车的驾照，就驾着他父亲的那辆老爷车上路练习身手了。一路上还颇为顺利，可是就在一个路口等红灯的时候，车子竟然熄火了，这个刚考上驾照的年轻人霎时间就吓得慌乱了手脚。眼看红灯就要转成绿灯，可是车子怎么也发不动，不一会儿车子后面就传来阵阵的喇叭声响，这年轻人满头大汗很努力地想要把车子发动，但是他后方的车子却依旧很不耐烦地、拼命地在按喇叭。这位年轻人很生气，他气急败坏地下了车并且朝后方那辆车走过去。在别的车上的驾驶员及路人一看就想，糟了，一定会发生火爆的场面。结果这位年轻人走到后方那辆车子旁边，对车子里面的人说："先生你好！我来帮你按喇叭，你去帮我发动车子，可以吗？"

幽默还有化解尴尬的功用。在对话、演讲等场合，有时会遇到一些尴尬的处境，这时如果用几句幽默的语言来自我解嘲，就能在轻松愉快的笑声中缓解紧张尴尬的气氛，从而使自己走出困境。

新中国成立之前，上海有位教授叫姚明辉，体弱清瘦，却总是宽袍大袖。入冬畏寒，姚教授头戴大风兜，远看只露出一副眼镜，一个尖尖的鼻子，一撮翘翘的山羊胡子，颇有点滑稽。一天上课，教授刚走进教室，就看见了黑板上不知谁用漫画笔法画了一只人面猫头鹰，那人面活像姚教授的脸。姚先生立定看了一会，毫无愠色，拿起一支粉笔，一本正经地在漫画旁写道："此乃姚明辉教授之尊容也。"大家大笑。

4.1.4　创作

幽默往往以独特的视角、特有的方式来品评人物，反映社会生活。幽默是大智慧的体现，让人在轻松愉快中明白作者的意图。长期接触幽默可以形成一定的"幽默思维"。幽默思维是一种较高级的思维形式，善于从常人想不到的角度来思考和表达问题。幽默思维是创作必不可少的一种思维方式。

有个牧师病了，临时请了一位以没完没了的讲道而闻名的牧师来代替他。当他在讲坛上站定后，发现包括唱诗班在内一共只来了10个信徒，心中颇为恼怒。事后他向那教堂执事抱怨："来的人太少了，难道事先没有通知说我要来么？"

"没有，"执事回答说，"可能是消息泄露出去了。"[14]

"文似看山不喜平"，能够以铺垫开始，给人以意外，这就是创作的奇妙之处。意料之外，情理之中，给人以美的体验，这也是幽默才能做到的。

4.1.5　营销

把幽默带进营销领域，形成幽默的营销风格，那么在激烈的市场竞争中就会多一份获胜的希望和意外的欣喜。幽默营销是一种成熟的营销方式。幽默的谈吐广告更容易得到消费者的认可和赞同。

一位商人去拜访教皇，声言只要教皇改口一句话，就给10万美元，教皇摇摇头，没答应。

"100万可以吗？"商人态度恳切，教皇依然摇头。

“1 000 万可以吗?”商人充满期待，教皇挥手制止。

随侍一旁的主教不解地问:“1 000 万美元可以干许多大事呀！他究竟要的是哪一句话，你态度为何那么坚决?”

教皇冷笑了:“他要教徒们以后祷告完毕之后，不要讲‘阿门’，而讲‘可口可乐’。”[15]

这则笑话一出现，立即不胫而走，媒体大肆宣扬，民间口耳相授，可口可乐的“上口率”更高了。

4.1.6 艺术

艺术来源于生活，艺术有别于生活，往往运用了比喻、夸张、讽刺、巧合等幽默技巧与方法。艺术与幽默是密不可分的，比如，要想成为一个漫画家首先要成为一个幽默家，善于运用幽默和讽刺的技法，才能充分发挥漫画的艺术功能。

幽默有这么多的作用，我们千万不可小看了它。幽默能给我们的生活和工作带来无穷的快乐，是一种自信，一种从容，也是一种健康的生活态度。

4.2 中西幽默文化对比

幽默理论在西方研究较早，在19世纪，幽默在文学中得以空前发展。在这一时期，由于文学的传播，幽默在社会的运用以及幽默的地位得到提高，成为社会生活和政治生活不可缺少的因素。

在西方幽默文化中，有不少关于幽默文化的经典论述，它着重于人生态度和心理调节。但是它们的理论比较抽象，虽富于思辨，却缺少实证。但是这并不是说西方幽默在实践上没有发展。

西方人喜欢轻松，喜欢幽默。如英国人喜欢用戏谑的语言来表达愤世嫉俗，所以通常会产生哲理的或是伦理道德的效果；法国人的幽默很多时候只是为了表达自身的乐趣而已；而美国人则喜欢用严肃的态度表达幽默，好像唯恐别人轻易理解了，他们常常认为政治是一个严肃的话题，却常常把政治家当做幽默对象，甚至在很多竞选中把幽默当成投票的一项重要理由。

林肯是美国历届总统中谈吐最幽默的政治家之一，他善于用幽默的方式表达自己的政治主张。他认为，在向一般人说明或解释问题时，说笑话的方式比其他方式更容易被人接受。林肯是一位性格沉稳、心地淳厚的政治家。在他任职期间，爆发了美国历史上著名的南北战争。林肯用笑的艺术缓和了战争带来的紧张气氛，化解了人们的悲哀情绪，从而战胜了战争带来的危难。南北战争最后以林肯率领的北军获胜，这与他的个人幽默、人格魅力是分不开的。

林肯在做律师时，有一次他作为一位被告人的辩护人出庭辩护。原告律师将一个简单的论据翻来覆去地陈述了两个多小时，使听众很不耐烦。轮到林肯辩护时，他先把外衣脱下放在桌上，然后拿起玻璃杯喝了口水，接着重新穿上外衣然后又喝水，这样反复了五六遍。林肯一言未发，却让听众心领神会，哈哈大笑。在笑声过后，林肯才开始他的辩护演说。[16]

由于地域、民族传统和文化风俗的不同，幽默文化也不同，当然对幽默的反应以及运用幽默的情境也不同。人们往往从不同的角度来看待幽默，所以，对于幽默的理解和界定也多样化了。

在中国，“幽默”最早是由林语堂先生从英文词汇“Humor”音译过来的。之后，钱钟书先生借其自身扎实的文化修养，吸收了西方一些主要幽默观点，强调幽默是“一种脾气”或是“心态”。

中国幽默讲究曲折含蓄，点到为止；美国幽默却极尽夸大之辞，唯恐听者不信[17]。中国幽默只强调其娱乐性和讽喻性。冯梦龙编撰的《笑府》[18]序中有言：“话之而疑之，可笑也；话之而信之，尤可笑也。”这反映了中国传统幽默文学“无稽之谈”的表面特征。英美幽默文学更强调写实。虽然“英国评论家对美国方言作家的低下的趣味和牺牲‘严肃思考’觉得不可思议”[19]，但美国幽默小说不管多么荒诞，却总强调其故事的真实性，故事的最后总忘不了加上一句“这是一个真实的故事”[19]。

中西幽默文化还体现在“挖苦式”幽默的轻重上。中国幽默讲究手段和风格的曲折、含蓄。西方（尤其是美国）幽默则更富于攻击性，因为在美国人身上，攻击和暴力显得更为盛行、突出。

在幽默的表现形式上，西方幽默主要渗透在戏剧、小说之中，长篇比较多见，一般是借助情节的离奇来反映幽默的风格。而我国传统幽默多以故事、小品、戏曲为支撑，以自身的矛盾或是巧言妙语来反映幽默思想。

4.3 为什么幽默的价值在中国受到低估

我国传统观念认为幽默笑话为低俗文化，鲜有文人关注。到20世纪初，林语堂、梁实秋等学者曾尝试西方幽默论本土化，但效果不佳。

在我国，幽默的价值长期以来得不到应有的体现，主要有以下三个原因：

第一是受儒家保守主义和形式主义的影响。儒家文化认为，幽默和讽刺是美学表达的低级形式。中国对于幽默的严肃态度，和中国几千年的文化有些关系。中国文化尊崇孔孟之道，强调得最多的是道德、等级、礼仪和尊严，这样的文化培育出来的人，大多表情严肃、行止谨慎，和幽默相去甚远。

第二是受中国儒家学派中庸之道的影响。中国人具有积极的入世精神，注重伦理道德，讲究中庸之道。因此，中国传统幽默属于“软幽默”，即“婉而多讽”的那种，内容多为伦理和道德的善意规劝[20]。中国幽默在“攻击性”和“夸张性”方面远远不及西方幽默。

第三是中国幽默与中国强调社会阶级冲突的传统文学创作分不开。传统幽默多表现智愚的矛盾，人民群众对统治阶级的抗争等。中国人讲究“戏而不谑”，幽默的本质与这种文化存在深刻的矛盾。

中国幽默文学起步虽早，却发展迟缓，一直保持着娱乐性和讽喻性的特点，没有成为社会价值的主流，所以幽默的作用在中国一直受到低估。直到近现代，才产生了具有现代意义的幽默文学。因此，如今我们更应该发扬幽默的作用，使其为我所用。

4.4 减压新视角：幽默减压

弗洛伊德认为，笑话给予我们快感，能把一个充满能量和紧张感的有意识过程转化为一个轻松的无意识过程。医学心理学家认为，幽默是一种心理防卫机制或心理免疫反应。幽默有助于拉近医生、护士与病人之间的距离。幽默能够调节血压，增强人的免疫力，使人长寿，肯定了幽默作为一种治疗方法对于健康的作用[21]。

幽默治疗，又称喜剧疗法、笑疗法，是通过观赏喜剧、相声、小品等文艺节目，使人得到精神上的松弛、心理上的平衡，以达到治病养生目的的一种自然疗法，是一种简便易行的治疗方法。

英国著名化学家法拉第，由于长期从事紧张的研究工作，患上头痛、失眠等症，经过多年医治，未能根除，健康每况愈下。后来，他请了一位高明的医师，经详细询问和检查，医师开了一张奇怪的处方——没写药名，只写了一句谚语："一个小丑进城，胜过一打医生。"开始法拉第百思不得其解，后来逐渐悟出其中的道理，便决心不再打针吃药，而是经常到马戏团看小丑表演，每次都是大笑而归。从此他的紧张情绪逐渐松弛，不久，头痛、失眠的症状也消失了。于是，"一个小丑进城，胜过一打医生"的谚语也成了幽默疗法的典故。[22]

幽默欢笑的情感对于缓解病痛，放松心情极为有效。幽默是一种优美的、健康的品质。幽默疗法是最好的"按摩"不良情绪的健康生活方式。

幽默减压为我们提出了一个新的减压视角。幽默表达了人类征服忧患和困难的能力，是对生活居高临下的"轻松"审视。为了彼此身心的健康和愉快，在生活中多创造一些幽默吧。

【注释】

[1] 康桥，马俊骧. 观念：改变人生的101个幽默故事. 上海：上海大众出版社，2006.

[2] Beehr, T. A. & Newman, J. E. Job stress, employee health, and organizational effectiveness: A facet analysis model, and literature review. *Personnel Psychology*, 1978.

[3] 荒林. 人际关系的测试与改善. 现代交际，1997（6）.

[4] 萨波斯. 解压手册——斑马为什么不得胃溃疡. 北京：中国社会科学出版社，2004.

[5] 吴娟瑜. 不做情绪的奴隶. 北京：北京大学出版社，2007.

[6] 姚本先. 学校心理健康教育导论. 上海：东方出版社，2002.

[7] [德] 洛塔尔·赛韦特. 时间管理. 王波译. 北京：中信出版社，2004.

[8] [英] 杰勒德·哈格里夫斯. 压力管理. 刘子正译. 北京：中国社会科学出版社，2001.

[9] 许金美. 对外倾型与内倾型性格职工的心理分析及教育方法之探讨. 心理学探新，1990（21）.

[10] 孙绍振. 孙绍振幽默文集——满脸苍蝇. 广州：广东旅游出版社，2002.

[11] 女足战前购物减压，韩端意外收获“梅开二度”，http：//www. china. com. cn/sport/zhuanti/07nzsjb/2007 -09/18/content_ 8902346. htm, 2007 -09 -18.

[12] 郑万里. “幽默总统”的睿智——本报记者采访博鳌亚洲论坛理事长、菲律宾前总统拉莫斯纪实. 中山日报，2005 -11 -21.

[13] 孙绍振. 孙绍振幽默文集（第3卷）. 广州：广东旅游出版社，2002（5）：107.

[14] 孙绍振. 幽默基本原理. 广州：广东旅游出版社，2002.

[15] 张一. 犹太人的营销幽默，http：//info. ceo. hc360. com/2010/09/270826125999 -3. shtml, 2010 -09 -27.

[16] 百度文库，http：//wenku. baidu. com/view/d3bb44d280eb6294dd886caf. html, 2010 -12 -08.

[17] 江艺. 对西方幽默的“误读”：林译小说《睡洞》详解. 湖北社会科学，2007（7）.

[18] 冯梦龙. 笑府. 福州：海峡文艺出版社，1992.

[19] [以] A·济夫. 幽默的民族风格. 陈中亚译. 上海：上海人民出版社，1992.

[20] 薛宝琨. 中国人的软幽默. 北京：科学出版社，1989.

[21] Manuel, B. SMILES—toward a better laughter life: A model for introducing humor in the palliative care setting. *Journal of Cancer Education*, 2006.

[22] 三水. 小丑胜过医生. 南风窗，1988（11）.

第二章 笑、幽默与健康

笑与幽默在几千年以前就被研究是否对健康有益。万寿无疆只是一种虚幻，延年益寿才真正可行。人生百寿，笑口常开是关键。笑与幽默就是拥抱健康的“金丹”。

1 人何以发笑

笑是我们日常生活中表达情绪的外在体现，是反映内心的面部表情。人类的笑能够表达复杂的内容。一般来说，笑是友善的象征，笑能传递友好、大度、和平等积极的信息；同时，笑又能表示其他诸如殷勤、谄媚、尴尬、阴险等消极的信息。所以笑也可以说是语言之外的另一种沟通方式。

1.1 笑的原因

周汝昌在《谈笑》中详细地描述了笑的种种精彩。笑有各种各样的形式，比如，会心一笑、哈哈大笑、微笑、狂笑、神经质地笑、谄笑、媚笑、假笑等。使人发笑的原因有很多种，归纳起来主要有以下六种：

1.1.1 身体受到刺激，俗称“挠痒痒”

柏拉图是最早对笑的现象进行研究的哲学家，他首先发现抓痒能够引起笑。他指出，笑能引起“身体的混合感”，包含了身不由己的痛苦和身体释放的快感，因此，笑同时包含着快感与痛感[1]。受到刺激后发笑，这是人类的本能。达尔文早期对婴儿做的实验可以很好地诠释这个结论。达尔文用一片树叶挠一下刚刚出生45天的婴儿的脚底心，发现婴儿能够自己缩回脚掌，并作出嘴角向上类似成人微笑的表情，同时发出某种声音[2]。

在我们的腹腔和胸腔之间，有一种叫做“横膈膜”的膜状肌肉。横膈膜能帮助肺呼吸，通过膈的一张一弛，帮助肺吸入、呼出气体。挠痒痒时，横膈膜就会收缩。法国生理学家笛卡儿认为笑是血液流动造成肺部膨胀，迫使溶于血液的空气猛烈呼出而产生的一种响亮而含糊不清的声音[3]。横膈膜收缩，刺激血液流动加速，在生理上就导致了笑的发生。因此，“横膈膜是产生愉悦的主要器官”的说法是不正确的。

1.1.2 令人高兴的事

人心情开朗的时候会笑，通过笑来传递他的开心。人在心情开朗的时候，血液流动会加快，使人变得面色红润，眼神发亮，然后就导致了

“笑”的生理现象的发生。而“笑”似乎还能在个体或群体中传递，有某种惬意的膨胀作用。

愉快的笑声具有传染性。笑声会给大脑的固定区域“挠痒痒”，促使听者也情不自禁地笑起来。苏菲·斯科特说，不论是自发的微笑，还是被传染的微笑，都是气氛的调味剂[4]。

1.1.3 可笑的事

看到某些令你愉悦的事物，比如一场喜剧电影、小品、马戏等，也能引出笑来。这就像是“精神上的挠痒痒”。可笑的事就是外界对人体的刺激，这种刺激一般是出乎个体意料的、突如其来或者是很神秘的。这种刺激刚好与一连串普通的事相连接，引起个体的思想共鸣，从而产生愉悦感。

1.1.4 表达感情时的流露

笑是人类七情六欲之一，喜悦、快乐、理想、肯定的情感能够引发笑意，笑意也能表现出喜悦的、快乐的、理想的、肯定的情感。从心理学的角度分析，笑是心理上的“喜形于色”，能够表达某种满足的情感。

笑在人类互惠互利行为中起了非常重要的作用，比如面带笑容待人接客，照相时笑对镜头，商店里店员对顾客的微笑服务。微笑是文明礼貌的一种表现，反映了人与人之间的相互关心、相互尊重的友好关系，也反映了个人自身的文化修养，它是一种良好的行为习惯。真诚微笑的人无论走到哪里都是最受欢迎的人。

1.1.5 神经不正常的笑

这种笑被称为是大脑有缺陷的人发出的笑。例如神经不正常的人发出的笑，他们的笑大多是毫无理由、毫无目的的。一般情况下，神经不正常的人在笑的时候，往往不像正常人一样目光炯炯有神。但是，有些事也能刺激到神经不正常的人发出有意识的笑，有时只是小小的一件事就能引起他们长时间大笑。神经不正常的笑是违背常理的，通常会引起人的不舒适感。

1.1.6 笑气的刺激

笑气化学名为一氧化二氮（N_2O）。笑气的发现还有一段故事：

1772 年，英国化学家普利斯特利发现了一种气体。最先普利斯特利把这种气体当成氧气，因为它同氧气一样有助燃性。但不同的是它还能溶于水，比氧气的溶解度大得多，还稍带甜味。这种气体到底是什么，似乎成了一个谜。

到1798年，普利斯特利实验室来了一位年轻的实验员，他的名字叫汉弗莱·戴维。戴维忠于职责，十分勇敢，凡是他制作的气体，都要亲自“嗅几下”，以了解它对人的生理作用。当戴维吸了几口这种气体后，竟然不由自主地大声发笑，还在实验室里大跳其舞，过了好久才安静下来。因此，这种气体被称为“笑气”。[5]

事后普利斯特利写出了自己的感受：“我并非在可乐的梦幻中，我却为狂喜所支配；我胸怀内并未燃烧着可耻的火，两颊却泛出玫瑰一般的红。我的眼充满着闪耀的光辉，我的嘴喃喃不已地自语，我的四肢简直不知所措，好像有新生的权力附上我的身体。”

笑气能够产生麻醉作用，该气体早期被戴维用于牙科手术的麻醉，是人类最早应用于医疗的麻醉剂之一。现代医学将笑气用于分娩，笑气对母体无害，在体内代谢得很快，吸入笑气后，数十秒即可产生镇痛作用，停止数分钟后作用消失。进行笑气镇痛分娩的妈妈能保持清醒状态，很好地配合医生，还能缩短产程，对胎儿与母亲都不会产生影响。在现代社会，人类压力剧增，笑气还被用于笑吧，一群人聚集在一起，吸入笑气，放声大笑，缓解压力。

1.2　幽默：笑的主要原因

笑的原因不一定是幽默，但是幽默一定产生笑。能否使人产生愉悦感，引发笑意，是幽默与否的重要评判标准。因此有这样一说：“笑是智慧的磨刀石。”本小节我们将探讨两个问题：幽默致笑的理论和幽默特性。

1.2.1　幽默致笑的理论

幽默如何致笑，早期的幽默理论可以很好地说明这个问题。早期关于幽默的理论主要有以下三种：优势论、松弛论、不协调论。

（1）优势论。

优势理论的核心是，我们嘲笑别人的不幸和坏运气，这说明我们比他们更优秀。这一理论的主要代表人物就是柏拉图和亚里士多德。柏拉图认为，“滑稽可笑在大体上是一种缺陷”，被笑的主体没有某方面的优良品质而被人耻笑，但是他又不能为自己“报仇”，这种情况就是可笑的，且这种笑于人无伤害。亚里士多德则认为滑稽的事物是某种错误或丑陋，不致引起痛苦或伤害[6]，霍布斯[4]（Thomas Hobbes）发展了柏拉图和亚里士多德的观点。他说：“笑，无非就是由突然意识到自己的长处而显得优越。”意思就是说，通过与他人的比较来寻求自我肯定，于是产生笑。

有一次，德国著名诗人歌德在一条只能让一人通过的小路上散步。他遇到一个批评家：“我是从不给傻瓜让路的！”

“我和你刚好相反！”歌德说完，笑着退到路旁。[7]

优势论认为，笑的人处于优势的地位，有优越感。之所以笑，是因为想要展示和享受这种优越感。歌德的回答之所以让人发笑，是因为我们把歌德的意境转移到了自己身上，意识到这位批评家的词穷，他无法反击，我们就有优越感。

（2）松弛论。

松弛论认为，自由是笑的普遍原因，自由在本质上是令人愉快的，而笑是一种游戏的情感，是愉悦的表现。笑与松弛感有关。笑的作用就在于消除为准备应付环境而在身体内部产生的精神紧张和肌肉紧张。

松弛论强调的是笑的心理状态必须先有紧张，然后是跟随在打断了这种紧张之后的愉快感。这正是笑的心理功能的由来。松弛论是把幽默看成是由于压力、斗争或紧张而产生的精神、神经或心理能力的一种排泄方式。这个理论在幽默研究的心理分析分支中占据着主导地位[8]。

但是松弛论有一定的局限性。并非所有的笑都要先有一个紧张的心理准备过程。紧张后的松弛仅仅是心理的笑的原因。另外，生活正常进程的中断、紧张感的突然消除也不一定产生笑。确切地说，紧张后的松弛仅仅是笑的部分原因。所以说，幽默能产生笑，但是笑不一定是幽默。

（3）不协调论。

不协调论认为笑是对不伦不类事物的反应和对一个情景同时属于两组绝不相干的事件的顿悟。黑格尔[9]说，幽默是理性的嘲弄。叔本华[1]认为，笑起于期待的消失，而期待的消失则起于“观念”与观念所依附的

“实体”之间的不协调。

不协调论把幽默分为两个阶段[10]：第一阶段，听众发现事情发展与自己预期的结果不一样；第二阶段，听众会试图从认知的角度上去解释这种不协调，这就遵循了幽默的主线。

幽默确实有不协调的因素在内，这些因素组合在一起，使得听众或者读者的期望落空，从而招致笑声。而在现实中，期望落空不一定会引起笑，也有可能引起挫折、失望、焦虑或者恐惧等。所以，并非所有的不协调都是幽默。

美国课堂

女教师在课堂上提问：“‘不自由，毋宁死！’这句话是谁说的？”

一个日本学生用不熟练的英语回答：“1775 年，巴特里克·亨利说的。”

“回答正确。同学们，你们生长在美国，竟然还不如一个日本学生。”

这时，教室后边传来一声喊叫：“把日本人干掉！”

女教师很生气，大声喝道：“谁？这句话是谁说的？”

一个美国学生站起来，大声回答：“1945 年，杜鲁门总统说的。”[11]

这三种理论并不都是完美的。不协调论注重刺激的表现方式；优势论注重说者与听众之间的关系；松弛论则只谈到听众感受和心理[12]。但是三种幽默理论从不同角度描述了幽默与笑的现象，在一定程度上都说明了幽默为什么能够引起人们笑。

1.2.2 幽默的特性

幽默源于生活，高于生活。幽默来源于对生活的细心观察。要了解幽默为什么致笑，首先要了解幽默素材的特性。幽默的素材有以下四种基本特性：

（1）奇丑滑稽性。

产生幽默的丑，是奇怪的丑、超常的丑，这种丑与现实的世界有本质的矛盾，这种不协调、不一致、倒错使得这种丑能够表现得淋漓尽致，滑稽可笑。癞头认为自己的疮疤可爱，这就是典型的以丑而自炫为美；守财奴硬要装一副圣洁虔诚的救世主模样，这就是典型的动机与行为的不协调。奇丑滑稽性的典型代表就是鲁迅笔下的阿Q。

（2）奇美纯真性。

奇丑滑稽的反面就是奇美无比，真善美的事物在某些特定的情况下也是具有可笑性的，美的东西接近纯真，能够引发人们对本性的纯洁无瑕的向往。这种美的东西包括爱情、亲情、友情、高贵品质、侠义精神、刚强意志以及天真童趣等。美的东西能够让人产生对丑陋的反省，让人感到开心、快乐。纯洁的本性能够让人跳出社会的约束、世俗的礼仪，让人会意的同时产生出笑意，也衬托得丑陋更加丑陋。

（3）奇妙启智性。

超常机智的人物制造神秘感，能顺利地利用移情、联想等手段，满足人们求知的本能，往往能带来意外的惊喜。这种“柳暗花明又一村”的效果给人以出乎意料的心理震撼，这正是笑的源头。

有一天，国王问阿凡提：“阿凡提，要是你面前一边是金钱，一边是正义，你选择哪样？”

“我愿意选择金钱。”阿凡提回答。

“你怎么啦，阿凡提？”国王说，“要是我呀，一定要正义，绝不选择金钱。金钱有什么稀奇，正义可是不容易找到的啊！”

“谁缺什么就想要什么，我的陛下。”[11]

阿凡提巧用双关，表面似乎在说自己，但实际上是声东击西，讽骂国王，让人拍手称快。

我们并不认为面对比较严肃的听者，幽默就会坐以待毙。幽默最保险的表达方式就是“拿自己开涮”，自我嘲笑、自我调侃等方式能够拉近与听众之间的距离。胡适的“胡说”就是一个很好的例子。胡适经常到大学里去讲演。有一次在某大学，讲演中他引用孔子、孟子、孙中山先生的话时，就在黑板上写“孔说”、“孟说”、“孙说”。最后，他发表自己的意见时，竟写上“胡说”，引起哄堂大笑。

(4) 奇趣直感性。

具有奇趣直感性的事物一般形象生动，具有奇特的趣味，并且通俗易懂。

姓黄和姓王的两人十分要好，一日闲聊中，王抱怨自己的姓氏“王”上无盖，下无撑，中间架空，没有充实感；而朋友的“黄”姓，上有一顶草帽，下有一双鞋，中间还有“田”，可谓完整无缺。黄就笑着回答他：“如果你喜欢，我把那双鞋送给你好了。”

一般人的思维就是，朋友在赞美自己的时候，谦虚地推脱一下。但是这位黄姓朋友却不是这样，大家可以看出，“王”加上“一双鞋”，就变成了“王八”。这样的打趣，表现出了理智裁定，幽默油然而生，怎么会不致笑呢?

人们常说，幽默是一种品质，是人格魅力的体现。幽默往往利用出乎意料的“材料”，引发人们心灵上的共鸣，从而产生笑。聪明的人绞尽脑汁制造出的这种意外性，使人的想法变得丰富起来，这就是幽默。用幽默来表达生活，笑对生活，自有一种超脱的潇洒。

1.3 笑的回忆

欢笑能留下美好的回忆，拥有这些美好的回忆，并将这些回忆珍藏起来，将成为人生的一笔宝贵财富。

1.3.1 笑脸墙

笑脸墙，指的是贴满笑脸照片的墙面。有人说，微笑是世界上最强大的武器，是沟通的最好方式，温暖的笑容能迅速切中人们心底的柔软。对陌生人报之以微笑，那真诚的一笑，将人与人之间的距离拉得很近，温馨的感觉荡漾在心中。发自内心的、自然坦荡的、含蓄的、开朗的，笑脸墙上各种各样的笑脸感染着每一个人，让大家在不知不觉中放松下来，微笑起来。

“笑脸墙事件”直击：

2007 年 2 月 15 日，北京朝阳公园的“笑脸墙”，高 6 米、长

30 多米。2 008 张从社会上征集、遴选出的笑脸照片被张贴在墙上。

2007 年 4 月 11 日，南京鼓楼一中心小学的“笑脸墙”，高 2 米、长 10 多米。200 多张由摄影师抓拍的学生笑脸照张贴在墙上，展现了孩子们活力四射的精神面貌。

2007 年 6 月 26 日，哈尔滨市花园小学的“笑脸墙”，长 10 余米。墙上的 289 张照片展现着花园小学学生的笑容。

2008 年 8 月 7 日，扬州宝带社区的“奥运笑脸墙”长 8 米、宽 3.5 米，由 2 008 张市民笑脸组成。此已申报“面积最大、容纳笑脸最多的奥运笑脸墙”吉尼斯世界纪录。墙上最年老的 102 岁，最小的才几个月。

2008 年 12 月 4 日，为迎接国际志愿者日，用 1 000 张奥运志愿者笑脸照片组成的“奥运志愿者笑脸墙”在北京地坛公园亮相，弘扬“奉献、友爱、互助、进步”的志愿精神。

2009 年 11 月 16 日，上海“迎世博 3D 笑脸墙”由数百张富士 3D 笑脸照片组成，凝聚了申城青少年迎世博的热情，成为“上海市青少年迎世博百万笑脸征集”突破 30 万张的一个纪念性标志。裸眼就能观看的立体影像，原汁原味地展现了社会各界迎接世博会的笑脸。

2010 年 4 月 28 日，浙江省宁波市天一广场的“世博笑脸墙”上，100 张灿烂的笑脸用微笑来迎接世博会的到来。

笑脸作为人们一种最普通的表情，不应该显得如此“珍贵”，但现在却成为城市社会一种“特别的”、需要“宣传的”，甚至是要“提倡的”表情，从中透露出了一种无奈：笑容，不知不觉中都被一些恼人的社会现象剥夺了。原因不难找，造成笑脸减少的因素都是我们的“额外负担”，绝大多数都是我们不该承受的。生活有压力，工作有压力，而笑脸墙展示了最美丽、最轻松的笑脸，它让你暂时忘记压力，忘记烦恼。

1.3.2　笑的相册

生活中处处充满笑，细心观察，仔细品味，你就会有惊喜的发现。笑的元素都来源于生活，只要有对生活的热情和爱，开心就会出现在你的身边，使你的生活充满笑，使你的记忆充满笑。

你可以将自己或是家人、朋友最亲切、最甜美、最温暖的笑容，或是最值得珍藏的笑容珍藏起来，慢慢品味。笑的相册让你收藏起往日的温馨、幸福和快乐。笑的相册丰富了，经常看到笑脸了，笑就自然多起来了。

笑是美好心情的流露。经常看到身边朋友、亲人的笑脸，心情自然就舒畅起来。出门在外的人如果能看到家人的笑脸，想起每一个拍照的彼时彼景，是很惬意的事情。

笑的相册能帮助回忆起生活中美好、幸福的时刻，即使在你伤心的时候，有一份美好的回忆，就能帮助你走出困境，走向美好。

2 笑、幽默与身心健康

幽默是健康的源头，可以帮助个体缓解压力，释放被压抑的情绪，摆脱困窘，增强免疫能力。作为一种稳定的个性心理特征或个体差异变量，幽默既可以提高个人魅力，增进人际关系，还可以促进个体心理健康。研究发现，幽默感可提升个体心理健康的水平，保持幽默心境，增强自身的幽默感，即提高了个体的心理防御机制[13]。幽默涉及认知、情绪、行为、生理和社会等多方面的内容，与健康有着千丝万缕的联系。

2.1 笑一笑，十年少——生理健康

幽默是一剂健康“良药”：幽默总是和笑连在一起。笑不仅仅使人心情舒畅、精神振奋，而且能消除忧虑、稳定情绪。每个人都有这种体验，笑能使全身放松。其实，多笑相当于运动，有利于强化心脏功能，幽默和笑的生理功效就表现在能够强身健体上。

2.1.1 幽默能增强免疫力

学者 Cousins 提出，笑会引发大脑中内啡肽或其他内源性物质的分泌，能刺激横膈膜、胸腔及内分泌系统，促进脸部、手臂、腿和胃的活动，这些都有利于个体生理健康的发展。捧腹大笑就像慢跑，能够给人，特别是那些不爱运动的人提供良好的心脏调节。近期研究结果显示，幽默与笑能

防止心脏疾病、脑血管病变、癌症及其他循环系统的病变[14]。

2.1.2 幽默能增强人的活力

脑啡肽能使人产生愉悦感，调节中枢神经，增大肺活量，改善血液循环，促进免疫功能，加快新陈代谢。而幽默就是最好的刺激剂。捧腹大笑会让肌肉放松：当你笑的时候，那些不参与笑运动的肌肉放松；笑完之后，那些参与笑运动的肌肉开始放松。幽默还能激活处于抑制状态的脑细胞，延缓衰老，有效地改善大脑的供血供氧功能，增强脑细胞的活力。幽默能降低疼痛，如“忘掉”头痛，缓解关节炎疼痛等。

2.1.3 幽默可起到延年益寿的抗衰老作用

相声艺术家一般情况下都有较长的平均寿命，这充分表明，幽默可以延年益寿。幽默能为心脏减压，预防心脏病。这是因为，幽默能使紧张的心理放松，使人发笑。这不仅释放了被压抑的情绪，缓和了气氛，减轻了焦虑和忧愁，避免过强的精神刺激和心理活动的干扰，同时能调节内分泌系统功能，使人体的体液循环、新陈代谢发生变化，诱发神经系统的兴奋性，从而起到保健的作用。因此，经常保持幽默的心境，是一种防御机制，是永葆青春的秘诀。

2.1.4 幽默可缓解压力

根据心理神经免疫理论和近期研究成果，笑或幽默感可能会借助于压力性化学物质的调节及免疫力的增强来影响个体的健康。笑至少能够减少4种与应激反应相关的神经内分泌激素：肾上腺素、皮质醇、二羟苯乙酸（DOPAC）和生长激素。1988年，Martin等学者对40名大学生的研究发现，幽默可以对个体的唾液分泌免疫系统起缓冲剂的作用，影响程度适宜。并发现个体的幽默感与其体内的自然杀伤细胞（人体的一种重要免疫细胞）活动水平有关[15]。经常笑能清空肺部，使呼吸通畅，让更多的新鲜空气进入，产生像深呼吸一样的效果。

幽默感有助于恢复健康。Goldstein回顾了13—19世纪医学家和哲学家的观点，发现了幽默感促进身体健康的许多证据。笑既对消化功能有帮助，也有助于营养的吸收和健康血液的产生。因此，将幽默和笑视为个体减轻压力、提高自尊、消除与消极事件有关的心理症状的应对机制是有一定道理的[16]。

幽默的这些作用在生活中能够使人体的机能在最佳状态下运行，增强抵御病菌和病毒侵入的免疫力。幽默是一种健康的品质，表达了人类征服忧患和困难的能力，是对生活居高临下的“轻松”审视。在人的精神世界里，幽默、欢笑实际上是一种丰富的营养，一个人要想生活得愉快、健康、长寿，不妨多点幽默。

2.2　幽默：心理健康的保护神

日常生活中，个体总会遇到突发性事变或阻碍性事件。压力在很大程度上取决于心态，个体过去的压力事件与其生理、心理功能之间存在很大相关性。幽默感作为个体的良性适应机制，在情绪调节上扮演了重要角色。

幽默感能够调节自我与问题之间的距离，减轻压力的作用。幽默感是一个知觉与认知之间的快速转换器，能将个体从危机情境中解救出来，使其重新获得良好的情绪体验。幽默感能帮助我们摆脱窘迫和困境，增强信心，消除我们生活中的紧张与焦虑，润滑人际关系。

具有幽默感的人在面对负面性事件时往往能有效地调适外界压力，获得生活平衡。一般来说，人们在近期生活中出现的重大事变与其日后的身体健康、沮丧、焦虑及心理的苦恼等多方面都直接相关。所以，降低个体对压力刺激的负面心理反应、体验幽默氛围中的积极情绪是相当重要的。当个体沉浸于幽默和欢笑的气氛中，他们往往感到愉快、精力充沛，很少产生紧张、沮丧、易怒和焦虑情绪。因此，幽默感对心理健康的促进作用可通过个体的自我控制能力和情绪管理能力得到实现。

本书将幽默对心理健康的好处归结为以下八个方面：①抒发健康情感；②清除神经紧张；③放松肌腱；④帮助散发多余的精力；⑤驱散愁闷；⑥减轻“社会束缚感”；⑦克服羞怯的情绪；⑧乐观地应对现实。

对于幽默解压的效果，1986 年加拿大学者 Lefcourt 与 Martin 做过一个经典的实验。他们通过让被实验者在实验中观看压力性影片，考察被试在压力情境下使用幽默策略的调节效果。研究分 3 种实验处理：第 1 组被试观看压力影片时，用幽默形式叙述影片内容，尽量使自己高兴；第 2 组被试用正常方式叙说影片内容；第 3 组被试为控制组，只是单纯看影片，不做处理。结果发现“幽默叙述组”对压力有较好的调节效果[17]。

同样地，幽默可抵消一定的沮丧情绪。1997 年，瑞士学者 Willibald

Ruch 研究了幽默感与情绪之间的关系。实验中，以小丑行为和喜剧录像为幽默刺激，对被试的幽默反应频率、强度和持续时间进行编码。结果显示，被试表现出的微笑、大笑越多，其自我报告的愉快感也就越多。这种积极情绪的表现可归因于幽默感知[18]。

2006 年，Amy Danzer 等采用情绪感应技术，研究了有烦躁不安情绪的女大学生。实验中将被试随机分为 3 组：富有幽默感的录音磁带组（观看喜剧）、无幽默感的录音磁带组（听有意思但不好笑的地理报告）、无录音磁带组。自我报告结果显示，第 3 组的沮丧情绪均显著高于其他两组[22]。这充分说明，幽默能带给人愉悦感，能减少生活的不良情绪，使人变得轻松。

所有的这些研究都表明笑是使人心情平静的良药，能缓解紧张情绪，放松神经，而且是唯一没有副作用的“药”。人们把幽默生动地比喻为“心理按摩”的工具。因此，如果你能以自动化的幽默模式调整消极情绪，生活会变得更快乐。

2.3 幽默应对压力测试[19]

本问卷调查的是有关你表达和感受幽默的方法。显而易见，因各人的看法迥异，故这些问题的答案无“对”和“错”之分。下面共有六项陈述，根据你对这些陈述同意或不同意的程度，请在每句开头的空白处，按下列程度等级，选择标示从 1 到 4 的数字。

1 = 完全不同意

2 = 中等程度不同意

3 = 中等程度同意

4 = 完全同意

(　　) 1. 当我遇到问题时，我往往会失去幽默感。

(　　) 2. 我经常发现，当我试图从遇到的问题中找到一些趣事时，这些问题就在很大程度上被缓解了。

(　　) 3. 当面临紧张局面的时候，我通常会找一些滑稽的事情来说说。

(　　) 4. 我经常感到，如果我处于非哭即笑的情况下，选择笑会更好。

(　　) 5. 即使在艰难的时候，我都常常能找到一些东西来说笑一番。

(　　) 6. 我的经验是，幽默常常是缓解压力的有效方法。

得分：将第2、3、4、5和6题的得分加起来，然后减去第1题的得分，再加上10分，即为总分。

解释：总分 >25：用幽默处理压力的能力高于平均值。

总分介于19~25：用幽默处理压力的能力处于平均水平。

总分 <19：用幽默处理压力的能力低于平均水平。

表2-1是中国大学生常模测试表，供参考。

表2-1　中国大学生常模测试表

分类	人数	均值	方差
男大学生	124	23.1	2.9
女大学生	230	22.2	3.0
总样本	354	22.5	3.0

对354名中国大学生的初步测试表明，应对幽默量表的内部一致性系数（Cronbach Alpha）为0.70。经t检验，男女幽默应对能力在0.01水平上存在显著差异，男性的幽默应对能力高于女性，也就是说与女性相比较，男性更多地使用幽默来应对困难、压力和挫折。

2.4　“笑”傲江湖

幽默和笑，不仅对自己有益，而且对他人也很有好处。好的精神状态、乐观的人生态度能够克服身体上的不适，能够延年益寿；而对他人来说，则有利于相互之间的沟通，获得彼此间的信赖，如此就提高了工作生活中的合作效率。

幽默能够让人以一种超脱的精神看事物。邓小平曾对人说：“天塌下来我也不怕，有高个子顶着。”正因为他能够笑对挫折，笑对阴暗，才能成就“笑傲江湖”的大业。历史上的伟人一般都会有一个共同点，就是他们都有很好的人格魅力，而这一点常常与他们的幽默品质是分不开的。革命战争时期，我国的很多革命家都有这种幽默的魅力。

长沙马王堆汉墓发现不腐女尸引起世界轰动。基辛格博士秘密访华时曾向周恩来总理提出一个要求：“尊敬的总理阁下，贵国马王堆一号汉墓的发掘成果震惊世界，那具女尸确是世界上少有的珍宝啊！本人受我国科学界知名人士的委托，想用一种地球上没有的物质来换取一些女尸周围的木炭，不知贵国愿意否？”

周恩来问：“国务卿阁下，不知贵国政府将用什么来交换？”基辛格说：“月土，就是我国宇宙飞船从月球上带回的泥土，这应算是地球上没有的东西吧！”周总理听后哈哈一笑说：“我道是什么，原来是我们祖宗脚下的东西。”

基辛格听后一惊，疑惑地问道：“怎么，你们早有人上了月球？什么时候？为什么不公布？”周总理笑了笑，用手指着茶几上的一尊嫦娥奔月的牙雕，认真地对基辛格说：“我们怎么没公布？早在五千多年前，我们就有一位嫦娥飞上了月亮，在月亮上建起了广寒宫住下了，不信，我们还要派人去看她呢！怎么，这些我国妇孺皆知的事情，你这个中国通还不知道？”[20]

周总理巧妙借用中国古代传说，婉转地拒绝了对方的请求，保守住国家科研机密。机智而又幽默的回答，表现了他的博学多识和幽默风度，让人折服。

幽默和笑也可以说是一种语言之外的沟通方式。人类的笑能表达复杂的内容。一般来说，笑是友善的象征，笑能传递友好、大度、和平等积极的信息；同时笑又能表示其他诸如殷勤、谄媚、尴尬、阴险等消极的信息。幽默来自良好的心态和乐观的个性，它带来的笑是超脱的笑。一个具有幽默感的人在与别人的交往过程中更容易获得信任和喜爱。

幽默是强壮体魄、调节情绪的身心解毒剂。具有幽默感的人能从自己不顺心的境遇中发现某些“戏剧性因素”，可减轻心理上的挫折感，从而使自己达到心理的宁静和平衡。

幽默是一种自我保护的方法，也是一种很好的修养之道。用幽默感对待生活，能让你充满自信，生活变得多姿多彩，使你身边充满阳光和欢笑。幽默的本质就是有优秀而丰富的内涵，成为一个有幽默素质的人，你就拥有了成功的一大资本。

3 幽默疗法：幽默能治病吗

"笑"具有医疗效果的观点已有一段很长的历史，许多的证据表明幽默有助于疾病的恢复。你了解"幽默疗法"吗？到底幽默能治病吗？

3.1 幽默疗法的由来

3.1.1 幽默疗法的引入

几个世纪以前，一些医生和哲学家就已经明确指出，幽默和笑有利于生理健康。1905 年，弗洛伊德对个体幽默感的发展过程和对健康的作用进行了较为系统的阐述，开启了该问题的心理学研究的先河。

弗洛伊德是幽默不协调论的代表人物。他认为随着年龄的增长，幽默的感知也会增加，从创造和表述滑稽或荒谬的开玩笑阶段，到缓解压力的方式具有批判性和目的性的阶段，发展到笑话阶段，此时幽默变得更有目的性，应用得更恰当，成为主体挑衅的能力。幽默遵循这样的发展规律，从而能起到缓解神经压力、促进身体健康的作用[21]。

受弗洛伊德的启发，Shultz 对幽默感的三阶段理论进行了实证研究。他证实了弗洛伊德提出的对不协调的判断能力随着个体的成长变得更加重要这一观点，并弥补了弗洛伊德没有对三个阶段的具体年龄界限进行划分的不足，证实了幽默感是儿童缓解随着成长理解了更多的社会压力而引起的焦虑的一种方式的论断[21]。但是他的研究还有很多局限性。

Goldstein 回顾了 13 世纪到 19 世纪的医学和哲学家观点，发现了幽默对身心健康有价值的许多证据，指出"笑"是帮助我们消化和营养吸收的重要因素，有助于产生健康的血液和治疗疾病[22]。

1979 年，Cousins 发现，当人们在因疾病而疼痛不堪的时候，大笑十分钟便可让他在没有麻醉药物的控制下沉睡 2 个小时[23]。这掀起了研究幽默与健康之间关系的热潮。从此，幽默开始引入医疗界。

3.1.2 幽默疗法的发展

早期的研究者们都肯定了幽默感对生理健康的有益作用。这些研究虽然没有形成一个完整的体系，但是为幽默的医疗作用发展方面奠定了坚实的基础。

Cousins 引入幽默疗法以后，很多研究者开始开发以幽默为主导的干预治疗方法，在很多医院的临床治疗上使用幽默笑话和戏剧卡通等，并且这种做法被广泛接受。同时媒体也开始了对幽默感研究成果的关注，媒体的相关报道使“幽默有利于生理健康”的观点迅速传播。自此幽默感对生理健康的作用的研究全面展开，幽默疗法迅速发展。

20 世纪以来，心理学家对幽默感对健康的作用的研究兴趣不断提高。这些探索和研究主要集中于通过幽默的作用效果和个体幽默感的发展过程来证实幽默感对生理健康的有益作用。快乐使人健康，使人处于健康的正常状态。

20 世纪 80 年代至 90 年代的十年间，幽默感对生理健康的作用研究的焦点集中于幽默感的个体差异，在临床上幽默对患者痛阈、血压和免疫力等生理变量的影响和与幽默感相关的健康心理现象的研究等方面。一般都是使被试接触幽默材料，然后观察其反应和生理指标的变化。

其中，Zweyer 等的实验较好地说明了幽默能减轻疼痛感。他设计了几个控制组，用来控制分心、放松和消极情绪。首先测量疼痛的耐力，然后随机地安排被试在三种情境下看幽默电影，然后进行对比：①体味快乐的情绪，但是不笑（微笑和大笑）；②尽力微笑和大笑；③填充幽默注解。看电影过程中对被试的面部表情进行编码，区分真笑、假笑和大笑，看完电影 20 分钟后再次测量痛阈。结果发现，三种条件下被试的疼痛阈限值和耐力都有所提高，这种效果在看电影后非常明显并且持续 20 分钟；疼痛耐力的提高与因真正的愉快而产生的笑有积极的联系，但是牵强的和夸大的笑对疼痛的忍耐力提高反而不利；幽默的创造和身体健康没有必然的联系。因此，只有适度的欢笑和快乐才能促进健康，强迫的笑反而对身体有害，要遵从“幽默—积极情绪—健康”的模式[24]。

这些研究为幽默感对生理健康的作用作出了准确的定位。研究者们一致认为幽默感是一种心理力量，是积极的心理品质之一。幽默感和乐观、自尊、自信、勇敢等积极心理品质一样，是能够促进适应的心理力量，是影响病人康复和适应的健康因素之一。这为幽默感对生理健康的作用研究提供了理论导向，且贯穿到该领域的后继研究中。

幽默的生活方式能增强人的社会适应能力和防病抗病能力，使人生活在一种紧凑而轻松的氛围中，摒弃压力，并且幽默配合人们的药物治疗可以使治疗收到事半功倍的效果。幽默有助于人们缓解病情，这已是众所周知的事实。

3.2 幽默做“医生”

如今，幽默已经开始普遍运用于各个方面，甚至在生活中我们自己也可以用幽默来解决一些随时出现的问题。幽默开始成为我们生活的“顾问”，随时可见的“医生”。古人有训：“寿向乐中求。”能笑者健康，能乐者长寿。

清朝一名八府巡按患了精神抑郁症，久治无效，后经人介绍到扬州府兴化县名医赵海仙处诊治。赵大夫切脉后沉默不语，巡按大人再三追问，赵才慢吞吞地回答道：“依老朽之见，大人之疾，乃月经不调也。”巡按听罢，不禁哈哈大笑，连说：“庸医，庸医！”然后拂袖而去。此后，这位巡按大人逢人谈及此事都要大笑、嘲讽一番，在一次次开怀大笑中，他的病竟不药而愈了。待他醒悟过来拜谢赵大夫时，赵大夫这才向他说明了不药而宽神治病的道理。

幽默是一剂健康良药。国外有些医生常关照患抑郁症的病人多看幽默小说和滑稽戏，或每天进行一次“笑疗”。笑既是良好情绪的反映，也是心理健康的表现。一般来说，在现实中实施幽默疗法的途径大致有以下三种：

一是从喜剧、小品、相声、魔术、笑话等曲艺中吸收笑料，从经典文学、戏剧和漫画等艺术甚至哲学、数学游戏以及名人传记、逸事中汲取幽默的营养，以培养自己的幽默感，积累笑的素材。这种途径在中国古已有之，且见效较快。

二是多与幽默感强的人或爱笑的人交往。当你和乐观的人在一起相聚时，笑是可以传染的，无论是注视倾听，还是交谈，都能使你分享到他们的欢乐。

三是多和天真无邪的孩子相处。他们的幼稚常常使人觉得可笑，惹人喜爱而笑，感到轻松而笑。

幽默是不利、不幸的调和剂和润滑剂，它能改善人的不良心态，使人心情舒畅，或变怒为喜、破涕为笑。幽默源于理性的机智，犹如舒缓的心理按摩，是一种高级的心理防御形式。它可以达到增进或缓和人际关系的目的，促进人们的沟通、谅解。幽默疗法不仅限于精神方面的疾病，还适用于其他多种疾病。因为幽默是思想情绪、精神欲望和心理能量的一种释放，可以使人愉悦、兴奋、乐观、心胸豁达。

首先，在医学治疗方面，幽默的应用非常广泛。Bennett 于 2006 年审查了幽默在医疗方面的作用，认为幽默主要涉及 6 个领域[25]：①健康；②病人与医生的沟通；③病人护理；④卫生专业；⑤医学教育；⑥医学文献。

幽默和笑可以改善病人和医生之间的沟通。这就说明，幽默是一个缩小人际关系距离，减轻焦虑和相关医疗照顾的工具。患者可能会因为满意医生的关怀，而更有可能采取他们的意见，从而更容易康复。临床医学研究表明，幽默能使病人容易接近，情绪放松，对病人的康复有益处，能提高病人应对疾病的能力。当然，同时也能增加医生和护士的工作愉悦感[17]。

其次，在家庭理疗方面，幽默也有广泛的运用。一些幽默的医生说，幽默是在家庭理疗方面最简单也最见效的方法。对一些刚刚开始接受治疗或者治疗刚刚结束的患者，医生常常使用最近周围发生的一些幽默的事作为示例来逗人发笑。幽默能带给他们不一样的感受，无论是在痛楚时还是在情绪低落时，或者是觉得渺无希望时。

再次，幽默对老年人健康方面有益。老年人也不缺少幽默感。[26]年龄的增长究竟如何影响人们对幽默的理解呢？他们通过 3 个试验对 2 个年龄组进行了对比研究。第一个试验是，给出 21 个幽默的语句和 7 个平常的语句，让应试者把它们区分开来。第二个试验是，给出 16 个笑话“选择题”，每个笑话的真正用意被隐藏在 4 个选项中，让应试者找出正确的选项。第三个试验是，让应试者看一组卡通画，然后挑出滑稽可笑的卡通画。研究发现，在第一个测试中，老年人与年轻人表现得旗鼓相当，他们对这些笑话或是发出会心的微笑或是放声大笑。但是在第二个和第三个测试中老年组的错误明显增多。这是因为这两个测试需要更多思考、推理和解决问题的能力，而这些能力是随着年龄的增长而退化的。

老年人对笑话的反应很快是一个非常好的消息，它告诉人们，可以利用幽默和笑话来帮助老年人缓解压力，使它成为医疗手段。

最后，幽默与积极心理也有很大联系。幽默能够帮助人们分析心态。幽默是无意识过程的直接表达方式。幽默表达了对立，突出了矛盾，显示了不可调和的荒谬。正是这种悖论与荒谬使人们发笑。在一些医院，幽默被当做认识生活中荒谬事件的工具。了解幽默，就能从实际的角度出发，有针对性地表达出人们的矛盾心理，使治疗更容易得到患者的理解，从而变得更人性化。

3.3 幽默治疗组织

国际上有两个著名的幽默治疗组织，即美国幽默治疗协会和印度笑声俱乐部。了解这两个组织，有助于我们借鉴幽默疗法。

3.3.1 美国幽默治疗协会

美国幽默治疗协会（Association of Applied and Therapeutic Humor，简称 AATH）最先成立于 1987 年，是由美国注册护士艾莉森（Alison L. Crane）建立的。AATH 是一个非营利的专业组织，宣扬人们对幽默和笑的正面了解和应用。AATH 通过会议、出版物、网络、社区等渠道以及临床、企业和教室等设施提供并传播它在有关治疗性幽默应用的信息。

该协会认为，幽默和笑可用来提高工作效能，支持学习，增进健康，还可以作为应对工具。其网站板块主要包括卫生及健康、老年人和老龄化问题、教育、精神和信仰交流以及商业问题。

在 19 世纪 80 年代，幽默开始应用于公共医疗机构。当人们想要获取一些关于幽默的各个方面的信息的时候，艾莉森在她的家乡建立了幽默治疗协会。

艾莉森最早的工作室是她自己的住所。莎拉是艾莉森的终身伴侣，她协助艾莉森完善了她的存档，这是因为每次莎拉发现了一种新的方式捣乱艾莉森的文件柜时，艾莉森就不得不重新整理她的档案，毕竟莎拉还只有一岁。

最初，艾莉森创办了《笑起来》(*Laugh It Up*)，这是一本 6~10 页的季刊。从 1990 年 3 月起，新增加 2 页，主题集中解决一些具体问题。该协会每年还提供为期一天的幽默治疗讲习班，并两次与人类行为进化研究所(the Institute for the Advancement of Human Behavior，简称 IAHB)合作，而且举办了一场非常成功的幽默教育辅导会议，这场会议被艾莉森和 IAHB 的皮亚杰亲切地称为“上帝的会议”。

1996 年，该组织建立了自己的互联网域名：www. aath. org。AATH 于 2001 年 10 月更名为幽默治疗和应用协会，以反映其国际协会的成员，并同时注意理论和应用，希望把幽默整合到各种治疗方法中，这就是今天我们看到的这个协会。AATH 每年都会举行年会，2010 年的年会就在美国举行。

美国幽默治疗协会要求人们每日要为笑而笑 15 分钟。每大笑 1 分钟相当于运动了 45 分钟，这样可以增强肺活量，促进血液循环，从而使情绪高昂。即使没有遇到可笑的事，每天最好也要大笑几次。这样不仅可以改善心境，还能增加肺活量，促进血液循环，实现强身健体的目的。

幽默治疗协会的训练是这样的：每天早晨集合，在引导者的带领下，开始大笑练习。大家围成一个圆圈，先由领导者带领大家做几个大笑的基本动作，然后会有同行相继登场，或讲一段趣事，或做个滑稽的动作，带领众人一起大笑。这样的训练一般会持续 45 分钟，其目的就是“为笑而笑”。

诺曼·卡森斯是美国当代著名作家、评论家和社会活动家。49 岁的时候，一场突如其来的疾病侵袭了诺曼·卡森斯。他高烧不退，浑身疼痛，脖子、手臂、手掌、手指、双腿逐渐丧失了活动能力。一周之内，他的红细胞沉降率(ESR，简称血沉)上升到了 115，病情十分危急！经医生诊断，卡森斯患的是一种严重的胶原疾病——强直性脊柱炎，康复的几率只有1/500，医生断定他只有几个月的活头。然而他却离开了医院，不吃药、不打针。六个月之后，当卡森斯再去医院检查时，医生发现他的不治之症居然痊愈了！在诺曼·卡森斯54 岁的时候，突发广泛性心肌梗死，生命垂危，他用同样的方法再次战胜了病魔，并活到 75 岁。他使用的方法就是开怀大笑。[27]

受幽默治疗协会“为笑而笑”方法的影响，目前美国正大力将小丑（幽默治疗师）逐步推向社会，作为缓解压力、营造和谐关系的一种手段。多家小丑训练学校甚至专门开设了幽默治疗的课程，教人们怎样将小丑的表演与驱散生活压力结合起来。

3.3.2 印度笑声俱乐部

印度笑声俱乐部（The Laughing Club of India，http：//www. laughing-club. in/profile. html）创立于 1995 年，是一个完全独立的非营利机构，由印度孟买内科医生马丹·卡塔里亚（Dr. Madan Kataria）创立。

印度笑声俱乐部的宗旨，是让你像从来没有笑过一样笑起来，让你精神振奋。在这里，除了希望改善你的健康和福祉外，一切都是没有理由的。印度有句谚语：“你对生活笑，生活也对你笑，你整天哭丧着脸，生活也哭丧着脸。”笑过之后，你的身体就会分泌一种叫“快乐”的化学元素，你就会活力四射。

每天早上 7 点钟，笑声俱乐部的成员就在公园里围成一个大圆圈，卡塔里亚就站在中间给大家讲笑话，逗大家发笑。但是这种以笑话为药引子的发笑启迪方式，只能支持 15 天左右，如何才能够离开笑话使人发笑呢?经过大量调查后，卡塔里亚让那些容易发笑并敢于大胆、大声发笑的人先笑起来，并对着那些不敢大胆、大声发笑的人笑。没想到效果奇佳，在先笑起来的人的笑声和姿态语言的感染下，许多害羞的人不再为发笑感到难为情。除了帮助笑声俱乐部成员克服心理障碍外，卡塔里亚还充分借鉴了印度特有的瑜伽功的呼吸方法。

经过不断揣摩，卡塔里亚发明了一首“呵呵哈哈”歌来进行呼吸训练。“呵、呵，哈、哈……”刚开始喊唱的速度很慢，随后逐渐加快，每一个频率的喊唱一般持续 20 秒至 30 秒。这种“呵呵哈哈”歌式的呼吸训练方式，可以锻炼人的呼吸肌和腹肌，扩大胸腔和肺部活力，并最终改善人的呼吸方式和呼吸规律，达到强身健体、延年益寿的功效和目的。

在发明“呵呵哈哈”歌之后，卡塔里亚又琢磨出了一些新的发笑方法，比如大嘴张开笑法、无声笑法、嗡嗡闷笑法以及鸡尾酒笑法等七八种笑法。作为一个教人发笑的课程，卡塔里亚的笑法大全越来越完善了。

卡塔里亚还发现，要想真正创造令人发笑、让人愿意发笑的良好氛围，必须进行神情接触，成员们必须互相看着对方的眼睛大笑，直到对方也开怀大笑为止。

俱乐部认为，与别人一起笑是一种建立友谊桥梁，促进社会和平的伟大方式。如果我们把整个世界看作一个大家庭，并发展笑声俱乐部网络，就能建立起友好的全球兄弟情谊意识。我们之所以至今还没有充分地笑出来，主要是因为我们还没有理解真正意义的笑。笑不仅是娱乐或乐趣，更是当我们了解生命的深层意义时的超脱表达。生命的真正意义和目的是，每个人都有对这个世界的独特贡献，而不是我们可以获取或达到什么。而没有充分地笑的另一个原因是，我们只有在取得成功和成就时才笑。我们还没有学会庆祝我们的错误、失败和困难，我们忽略了从这些里面可以学到很多东西。

1999 年，印度著名导演米拉奈儿拍了一部关于印度笑声俱乐部的纪录片——《印度笑声俱乐部》（*The Laughing Club of India*，也翻译成《哈哈俱乐部》），幽默轻快，令人印象深刻。这部纪录片从根本上揭露了自然疗法的本质："喜乐的心乃是良药。"愉悦与欢乐可以解除许多病痛，甚至打破阶级与经济的藩篱。

如今，由卡塔里亚倡导发起的笑声俱乐部已经在印度遍地开花，短短十年，笑声俱乐部已经发展到 2 500 多个，光在孟买就有 50 个左右的笑声俱乐部，在全印度有 2.5 万个笑声俱乐部的全职会员，仅仅在古吉拉特就拥有 4 万名成员。

据调查，72% 的笑声俱乐部会员认为自己"学会"笑、敢于笑之后，改善了自己与同事的关系，85% 的会员认为自己提高了自信。在著名的印度电气公司，公司经理特意提出，让员工们人人都参加笑声俱乐部。结果显示，该公司的人际关系、工作事故、医疗问题都大为改观。

现代人普遍面临巨大的生存压力，如果不能合理地调整和宣泄，就很容易导致抑郁等各种各样的心理问题。因此，压力管理相当重要，而"幽默疗法"就是一种很有效的压力化解方法。社会竞争越大，压力越大，就越需要幽默。对于中国很多人来说，美国幽默治疗协会和笑声俱乐部的知名度并不高，幽默疗法的做法也不是很普遍。我们希望，在构建和谐社会的今天，人人都能将幽默运用于生活的每一处，人人都是幽默大师。

【注释】

[1]［新西兰］拉尔夫·皮丁顿. 笑的心理学. 潘志彪译. 广州：中山大学出版社，1988.

[2]［英］查尔斯·达尔文. 人类与动物的情绪表达. 成都：四川人民出版社，1999.

[3] 杨明新. 笑的奥秘——品笑、学笑、说笑. 南宁：广西人民出版社，2004.

[4] 陆虹. 笑声具有传染性. 生命时报，2007－01－09.

[5] 宿春礼，赵一. 化学故事. 北京：中国时代经济出版社，2007.

[6] 孙绍振. 幽默基本原理. 广州：广东旅游出版社，2002.

[7] 庄之明. 智慧的闪光. 北京：中国少年儿童出版社，1981.

[8] Bergler E. *Laughter and the Sense of Humor*. New York: Intercontinental Medical Book Corporation, 1956.

[9] 徐韵. 纯真并快乐着——论儿童幽默与儿童发展. 南京师范大学博士学位论文，2005.

[10] Suls J. M. A two－stage model for the appreciation of jokes and cartoons: An information-processing analysis. In Goldstein, J. H. (ed). *The Psychology of Humor: Theoretical Perspectives and Empirical Issues*. London: Academic Press, 1972.

[11] 谢伦浩. 名师教你学幽默. 北京：石油工业出版社，2005.

[12] Raskin V. *Semantic Mechanisms of Humor*. Dordrecht: Raidel Publishing Company, 1985.

[13] Cann A. & Etzel, K. C. Remembering and anticipating stressors: Positive personality mediates the relationship with sense of humor. *Humor: International Journal of Humor Research*, 2008.

[14] Bennett M. P. & Lengacher, C. A. Humor and laughter may influence health Ⅱ—history and background. *Advance Access Publication*, 2006.

[15] Martin R. A. Sense of humor and physical health: Theoretical issues, recent findings, and future directions. *Humor: International Journal of Humor Research*, 2004, 17 (1/2).

[16] Bennett M. P. & Lengacher, C. A. Humor and laughter may influence health Ⅳ—history and background. *Advance Access Publication*, 2007 (1).

[17] Martin R. A. *The Psychology of Humor: An Integrative Approach*. Burlington, MA: Elsevier Academic Press, 2006.

[18] 李亮，李明．幽默感与身心健康的关系．中外健康文摘，2009 (19)．

[19] 陈国海，Martin. 应对幽默量表在 354 名中国大学生中的初步测试．中国心理卫生杂志，2005 (5).

[20] 周恩来的事迹，http://zhidao. baidu. com/question/66792595. html? si =2. 2011 -1 -7.

[21] Thomas, R. S. The role of incongruity and resolution in children's appreciation of cartoon humor. *Journal of Experimental Child Psychology*, 1972 (13).

[22] Goldstein J. The hysteria diagnosis and the politics of anticlericalism in late nineteenth-century france. *The Journal of Modern History*, 1982, 54 (2).

[23] Cousins N. *Anatomy of An Illness as Perceived by the Patient*. New York: WW Norton, 1979.

[24] Zweyer K., Velker B. & Ruch W. Do cheerfulness, exhilaration, and humor production moderate pain tolerance? A Focus study. *Humor: International Journal of Humor Research*, 2004, 17 (1-2).

[25] Bennett. H. J. Humor in medicine. *South Medical Journal*, 2003 (96).

[26] Uekermann J., Channon S. & Daum I. Humor processing, mentalizing, and executive function in normal aging. *Journal of the International Neuropsychological Society*, 2006, 12 (10).

[27] [美] 诺曼·卡森斯．笑是治病的良药：90% 的疾病都可以自行终结．刘静译．长春：吉林文史出版社，2008.

第三章　幽默风格与健康

幽默是捕捉乖谬现象的敏感力，也是揭露人际关系的智力。幽默可能来源于生活的喜剧，是对生活的喜悦赞颂；幽默也可能来源于生活的悲剧，是对创痛的委婉表达。幽默与健康是兄弟也是敌人。亲和型幽默可以打开沟通之门，自强型幽默可以激发创造力和耐力，嘲讽型幽默可以刺伤人心，自贬型幽默可以封锁自己。

1　你是哪种幽默风格

加拿大学者马丁教授（Rod A. Martin）将前人对幽默的研究进行分类，并编制了幽默风格量表，该量表中有四种幽默风格，即亲和型幽默、自强型幽默、嘲讽型幽默和自贬型幽默[1]。本节将测一测你属于哪种幽默风格。

1.1　亲和型幽默

亲和型幽默是指为加强群体内的凝聚力，以一种能容忍和可接受的方式经常与他人开玩笑并娱乐他人的倾向[1]。亲和型幽默主要通过说笑话调侃、插科打诨、打圆场的表达方式来达到自己的目的。

1957 年，邓小平到清华园给师生作报告。一开头，邓小平就说："过去，我们部队有的战士不爱听报告，屁股坐不住，讲怪话：'不怕飞机加大炮，就怕政委作报告。'今天，我这个政委来给你们作报告，你们怕不怕呀？"结果，台下响起了热烈的掌声。

首先我们要了解"亲和力"是什么意思。亲和力最早是化学领域里的一个概念，特指一种原子与另外一种原子之间的关联特性。现在，"亲和力"也用于人际关系领域，表示某个人具有某种特质，能让另外的人感觉到他的友好。

中国有句俗语："力在则聚，力亡则散！"有亲和力的人能让人感觉到自己的人格魅力。而使用亲和型幽默的人大多是受人喜爱、不具威胁性和吸引人的人[2]。与亲和型幽默的人沟通，你会感觉他关心你的心情比关心事情更多，他很善解人意，待人热情，让你有受重视和尊重的感觉，与他交流从不会陷入冲突的境地，从而化解紧张情绪。

朱镕基的幽默

有一次，朱镕基在人民大会堂作报告，时间已经过了九点半了，许多没有听过他的报告的人以一种平常的心态入座。

他一上台就说："时间已经不早了，我想我还是简短些比较好一点。"下面当然有一些性格活跃的人说："希望尽可能多讲一点。"

他接着说："多讲拖了时间，影响吃饭，是要犯错误的。"下面就开始热闹起来。

他说："既然这样，我就多讲一点。不过，你们也不要太认真。如果觉得我讲得不好，精神疲倦了，可以闭目养神。有必要的，还可以自行方便。"马上就有人会心地笑起来。

朱镕基又从容地说："不过，要'分批分期'。"[3]

朱镕基的讲话总是让人感觉幽默和坦率。"分批分期"在商业和政治上都是有特殊的、严肃的意义的，但这里却用于暗示进洗手间，正是这种不伦不类的比对产生了轻松的幽默效果。

亲和型幽默是一种真诚、友善、自然随和的相处方式。亲和，是发自内心的一种感染力，与人交往时所散发出来的让交际对象钦佩、赞赏、认同的高尚品德和人格魅力，是人生性随和，性格淡然，保持平常心的一种表现。因此，亲和型幽默是在人与人相处时所表现的亲近行为的动力和能力，亲和型幽默能促使双方力量凝聚，促进交际的和谐，使用亲和型幽默让人更富有人缘魅力。

正在举行决战前的高层军事会议，统帅和将军们在全神贯注地研究作战方案。然而此时，会议桌旁却传来鼾声，原来有人居然呼呼入睡了。

这时，统帅站起来对发言者打招呼："轻点，轻点，那边有人睡着了。"

于是一阵哄堂大笑把酣睡者叫醒了。[3]

亲和型幽默让人感觉温馨愉快。当一个人需要把别人的态度从否定变为肯定时，亲和型幽默具有很强的说服力；当一个人和他人关系紧张时，亲和型幽默也可以使双方从容地摆脱窘境或消除矛盾。

亲和型幽默是保持组织健康的最好方式，是团队合作必不可少的润滑剂。人与人之间的表示亲密友好的最好工具就是亲和型幽默。“具有亲和力”成了近几年来评价人，特别是评价管理者的一个十分实用的专业技能。如果不能和下属作及时的沟通和交流，不仅难以开展本身的工作，也会失去许多商机。亲和型幽默可以把人心集结起来，把一个集体扭成一条绳，让大家共同解决遇到的所有困难。

具备了亲和力，才能与人更好地沟通交流，才能解决矛盾和不协调。要综合培养起亲和力，亲和型幽默是修炼亲和力的必不可少的途径。

1.2 自强型幽默

自强型幽默是指对生活保持幽默的视角并用幽默作为应对策略的倾向[1]。自强型幽默主要是指鞭策和激励自己的幽默，通过轻松有趣的方式，来应对自己所遇到的困难和挑战。自强型幽默以有趣的方式来正视危机，克制自己某些不良冲动，使自己产生满足感。

自强型幽默有益于保持人对生活的激情。因为对生活保持幽默感，所以能通过轻松的方式，提高学习热情和工作热忱，这是造就一切成功的动力。心理学上的激励，主要是指激发的动机，是使人具有一股内在的动力，向所期盼的目标前进的心理活动过程。一个没有受到激励的人，只能发挥其能力的很少部分，而受到激励时能力发挥可达到百分之八九十。

自强型幽默可以激发力量、引发智慧、鼓舞斗志。自强型幽默可以引发一个人改变思维习惯和内心世界，使人产生与思想相适应的行为，从而克服生活中遇到的困难；可以让你产生勇气，让你保持乐观的心境，快乐的情绪，让你拥有无坚不摧的胆量。自强型幽默是勇气和力量的源泉，是我们获得新的动力和希望的必要装备。

自强型幽默的人大多是随和的，有正面与和谐的人生观[2]。自强型幽默要求我们正视危机，正视我们所面对的一切困难。危机能激发我们竭尽全力，困难是生命力的源泉。自强型幽默让我们摈弃过于舒适的生活方式，从内心挑战自我，从细微处作改变，使生命力的源泉永不枯竭。

网络幽默语录

1. 0岁出场亮相，10岁天天向上，20岁远大理想，30岁发愤图强，40岁基本定向，50岁处处吃香，60岁打打麻将，70岁处处闲逛，80岁拉拉家常，90岁躺在床上，100岁挂在墙上。

2. 人生的悲惨在于：辛辛苦苦地做了一晚上内容香艳的美梦，第二天早上醒来居然全都记不起来了！

3. 如果你看到面前的阴影，别怕，那是因为你的背后有阳光！

4. 父亲问我人生有什么追求？我回答金钱和美女，父亲凶狠地打了我的脸；我回答事业与爱情，父亲赞赏地摸了我的头。

5. 我花8万元买了个西周陶罐，昨儿到《鉴宝》栏目进行鉴定，专家严肃地说："这哪是西周的？这是上周的！"

6. 命运负责洗牌，但是玩牌的是我们自己。

7. 吾表兄，年四十余。始从文，连考三年而不中。遂习武，练武场上发一矢，中鼓吏，逐之出。改学医，自撰一良方，服之，卒。

8. 出问题先从自己身上找原因，别一便秘就怪地球没引力。

9. 拍脑袋决策，拍胸脯保证，拍屁股走人。

10. 去西安出差的路上，一位大连老兄一阵狂吹大连多好多好，说大连建市100周年的时候举行了很隆重的庆祝活动云云，然后问了旁边一人："西安建市100周年有什么庆祝活动没有？"旁边几位西安的哥们逼出一句话来："我记得西安建市600年的时候搞了一个'烽火戏诸侯'。"

11. 所谓惊喜就是你苦苦等候的兔子来了，后面跟着狼。

12. 俩农夫吹牛："俺们农场的鸡，吃的都是茶叶，下的全是茶叶蛋。""有嘛啊，咱农场给鸡吃钱包，让它下荷包蛋。"

13. 睡眠是一门艺术——谁也无法阻挡我追求艺术的脚步！

14. 如果幸福是浮云，如果痛苦似星辰，那我的生活真是万里无云，漫天繁星。

15. 这个世界不公平就在于：上帝说："我要光！"于是有了白天。美女说："我要钻戒！"于是她有了钻戒。富豪说："我要女人！”于是他有了女人。我说：“我要洗澡！”居然停水了！

16. 偶尔幽生活一默你会觉得很爽，但生活幽你一默就惨了。

自强型幽默可以增强人们的理解能力，自强型幽默的个体对幽默材料的欣赏和理解力显著高于嘲讽型幽默和自贬型幽默的个体[4]。

对生活保持幽默的视角，并以此来应对困难、应对压力，去启示自己，可以让自己以轻松的眼光对待眼前的现实，增添自己的勇气和信心。可以毫无掩饰地说，自强型幽默能够达到提升自我的目的。

1.3 嘲讽型幽默

嘲讽型幽默是指幽默使用是为了批评或者操纵别人，或者不顾对方感受地表达幽默的倾向[1]。嘲讽型幽默包含用夸张、类比等方式对非完美的人和事作出揶揄和批评，以及通过嘲笑、讽刺、恶作剧等方式来表达不满和愤恨。

我国古代就有很多嘲讽型的笑话，多是用幽默针砭时弊、警世劝世，有激浊扬清的作用，见仁见智，往往使人耳目一新。中国最早的一部笑话专集是三国魏邯郸淳所撰的《笑林》，其以夸张和漫画式笔法写人，虽短小而形象生动，使人在捧腹大笑之际领悟作者嘲讽、鞭挞腐朽落后现象的用心。嘲讽型幽默触及时政的特色，在魏晋时期表现得尤为明显。文人名士如孔融、阮籍等的散文和诗歌对当时的黑暗政治多有讥讽，诙谐幽默之辞比比皆是。

剪箭

有一兵中箭阵回，疼痛不已，因请外科名医治之。医一看连云不难，即持大剪将露在外边的箭管剪去，随索谢要去。兵曰：“箭管谁不会去，但镞在肉内，急需医治，何以就去？”医摇头曰：“我外科的事已完，这是内科的事，怎么也叫我医治？”[5]

近代，鲁迅对嘲讽型幽默给出了独创性的见解，以幽默为武器，辛辣讽喻病态的当朝政府。从此，幽默跨出了传统的界限，找到了与社会相适应的幽默形式。

经济学家与定律

意大利经济学家韦尔弗雷多·佩瑞多遇到了经济学家斯毛尔。斯毛尔一向反对佩瑞多的经济学可类似于物理学一样建立自己定律的观点。有一次，佩瑞多在日内瓦演讲，斯毛尔粗鲁地打断他的发言，当众叫嚷道："经济学中没有定律！"佩瑞多对斯毛尔很恼怒，就想找个机会教训一下他。

佩瑞多一向不修边幅，于是，有一天，他低下头装成乞丐向斯毛尔走去。

"请问，先生，你能否告诉我，什么地方可以吃到免费的饭菜?"他问。

斯毛尔答道："啊，可怜的人，从来就没有这样的餐馆！但是在拐角处有一家餐馆，你在那里可以吃到物美价廉的饭菜。"

"哦，"佩瑞多抬起头来得意洋洋地说，"这么说来，经济学中还是存在着定律的！"[6]

嘲讽型幽默可用委婉的方式表达严肃的态度。嘲讽型幽默可以用作批判，让讽刺带有幽默效果，使评判更有力度；也可用于批评，给批评裹上"糖衣"，让批评带有艺术气息，更委婉、有效。

但是嘲讽型幽默毕竟是露骨无情的，一定要慎用。嘲讽型幽默通常带有一定程度的攻击性，甚至是表达憎恶的心理，只有结合语境运用才能恰当。如果幽默给人带来怨愤和痛苦，那将是一件非常惋惜的事情。

马克·吐温有一次答记者问，说道："美国国会中有些议员是婊子养的。"

国会议员们大为震怒，纷纷要求马克·吐温澄清或者道歉，否则便要诉诸法律。

几天后，马克·吐温的道歉声明果然登出来了："前几天本人在酒席上说有些国会议员是婊子养的，事后有人向我兴师问罪。经我再三考虑，深悔此言不妥，特登报声明，把我的话修正如下：美国国会中有些议员不是婊子养的。"[3]

嘲讽型幽默不利于人际关系的和谐。幽默的普遍性并不代表它的随意性，由于嘲讽型幽默具有很强的负面效应，所以就像一朵带刺的玫瑰，外人欣赏的是风光旖旎，被刺扎到的人却痛苦万分。所以，任何轻率鲁莽的幽默行为都将饱尝恶果。如果没有经过反复的推敲，嘲讽型幽默不仅不能给人带来快乐，反而会令人生厌，使你丧失人格魅力和价值。

幸福要靠自己去逮住

有一次，富兰克林和一些朋友正在费城的一家小酒馆中讨论《独立宣言》，这时进来一个年轻人，他喝得醉醺醺的，非常没有礼貌地冲着富兰克林怒吼，还嘲笑《独立宣言》，说："哈哈，你们说的这些都毫无意义。《独立宣言》保证让我们享受的幸福究竟在哪里？我怎么没有看到呢？"

富兰克林不慌不忙地站起来，走到醉汉身边，扶着他的胳膊说："老弟，《独立宣言》只保证美国人民享有追求幸福的权利，至于幸福嘛，还得靠你自己去逮住。"[7]

嘲讽型幽默不利于心理健康。运用嘲讽型幽默时一般都会带有目的性，经常使用幽默进行嘲讽，容易让自己变得极端、自私、狭隘。当意识到这一变化的时候，往往会造成内心的恐慌。久之，会影响自己对自己的评价，形成对自己不正确的判断，对自己的人生观和价值观产生负面影响，从而产生自暴自弃或者是孤僻的行为。

1.4 自贬型幽默

自贬型幽默是指过度使用自嘲、讨好以及对负面情绪的防卫性否认的倾向[1]。自贬型幽默使用的场所大致可以分为以下两种：一是以退为进，进行自我防卫，设下陷阱以便有效反击；二是进行自我贬损，以达到吹捧别人的目的。

适当地拿自己开玩笑，既可以表现出性格的豁达，勇敢面对现实，又可以让自己充满人情味。自贬型幽默的使用需要有超常的冷静和理智，运用得法可使你迅速地摆脱困境，消除紧张与被动，它首先体现的是一个人有自知之明以及对所处环境的了如指掌。能成功运用自贬型幽默的人通常要有很强的内聚力，能够促使人们从相互排斥到相互包容的转化。

朱镕基的自贬型幽默

九届人大一次会议闭幕后，在记者招待会上，朱镕基在如闪电交织般的照相机闪光中说：“我长得不好看，但希望你们把我拍得好看一点，因为我的形象代表政府。”

朱镕基在美国丹佛出席科罗拉多州州长为他举行的欢迎晚宴时，讲述了当天他在丹佛市16街步行参观一些商店的情景。他说：“我看到一些中国产品，但都是劳动密集型的。我买了两顶美国帽子，以帮助消除中美贸易逆差。”等听众捧腹大笑后又说：“不过，是你们州长出的钱。”

在人际交往中，自贬型幽默是一种“技巧”手段，然而自贬型幽默多数带有目的性，不是为了讨取他人喜欢就是伺机反击，一旦对方高明，看出了动机，那你就失去了真诚的基础。

俗语说得好：“没有金刚钻，不揽瓷器活。”名人、伟人能运用自贬型幽默来提高自己的人格魅力，但他们毕竟是以自己的权威性、固有的冷静和高智商为基础的，自贬型幽默能让他们更平易近人，而平凡的人通常很难完美地发挥这种技巧。

使用自嘲、自贬是有很大风险的。经常使用自贬型幽默的主要原因是自我认识不足、有过高的期望、性格过于内向、多愁善感、胆小忸怩或者是有挫折的经历和不恰当的归因。因此，自贬型幽默一般与过谦、地位低下、羞愧等相联系。

有一个人向他的朋友抱怨说：“我越来越老了！”

当然，他的朋友会安慰他：“你看起来像从前一样年轻。”

“不，我不年轻了。”他坚持说，“过去总是有人问我：‘为什么你还不结婚呢?’现在他们问我：‘你当年怎么会不结婚的呢?’”[8]

自贬往往是位卑者的伎俩，这就是弱势心理所在，因为你的评估标准以及对自我的判定都是基于别人的标准，你的情绪不是被你自己所掌控，而是被别人和环境影响。自贬型幽默给你带来的暂时惊喜并不会延续很久，相反，这更加重别人和环境对你情绪影响的加权系数，你的情绪更加不由你自己掌控。在自我贬低的同时，你也在暗示自己，你就是这样的状况。谎言重复千遍固然改变不了事实，但一定可以改变你的心态，从而直接缓慢流入“弱势心态”和“非自我掌控情绪”的状态。

经常使用自贬型幽默可能会低估自己的实力，觉得自己各方面都不如别人。久之，就会形成性格上的缺陷，表现为对自己的能力、品质评价过低，同时可伴有一些特殊的情绪体现，诸如害羞、不安、内疚、忧郁、失望等。

对年轻人来说，生活、事业都还刚刚起步，即便起步时迟缓了一些，或走了点弯路，成绩一时不如人，也远不足以决定一个人的一生。但是，缺点和挫败的存在，毕竟是一件令人惭愧的事，拿自己的缺点与别人的优点比较，会觉得自己毫无价值。而总是拿自己的缺点展现于人，也会消磨一个人的雄心、意志，使他自暴自弃。因此，如果没有十足的把握，要尽量避免使用自贬型幽默。

1.5 幽默风格测试[9]

人们以多种方式体验和表达幽默。你一般是用什么样的风格来表达幽默的呢？

下面列出了一些描述体验、表达和创造幽默的不同方式的说法，请认真阅读每一句话，并表明你对该说法的赞同或不赞同的程度。请尽可能诚实、客观地作答。不要漏答某个题。使用下面的量表，并在相应的数字上画圈。

程度	完全不同意	中等程度上不同意	略微不同意	既不赞同又不反对	略微同意	中等程度上同意	完全同意
分数	1	2	3	4	5	6	7

表 3－1 幽默风格测试量表[1]

描述	选项
1. 我一般不太爱发笑，或者和其他人一起开玩笑。	1 2 3 4 5 6 7
2. 我觉得情绪低落的时候，通常能够用幽默来振奋自己。	1 2 3 4 5 6 7
3. 如果某个人有毛病或者缺点，我经常会取笑他/她。	1 2 3 4 5 6 7
4. 我过分地让其他人以嘲笑或取笑我为乐。	1 2 3 4 5 6 7
5. 我一般不爱讲笑话或逗别人开心。	1 2 3 4 5 6 7
6. 如果我感到难过或不高兴，我通常会尽力去想一些与此时此景相关的趣事来使我自己感觉好一点。	1 2 3 4 5 6 7
7. 有时候我想到一些实在太有趣的事，即使当时可能会伤害在场的某些人或者引起他们的反感，我也会情不自禁地说出来。	1 2 3 4 5 6 7
8. 如果这样做可以使我的家人或朋友发笑，我会经常失去理智地贬低自己。	1 2 3 4 5 6 7
9. 和别人相处的时候，我经常想不到有什么机智或诙谐的话可以拿来应对。	1 2 3 4 5 6 7
10. 当我独自一人并且感到不愉快的时候，我会尽力去想一些趣事来振奋自己。	1 2 3 4 5 6 7
11. 如果我不喜欢某一个人，我经常会当面揶揄、嘲笑和贬低他/她。	1 2 3 4 5 6 7
12. 在开玩笑或尽力使自己表现得比较诙谐的时候，我经常过分地贬低自己。	1 2 3 4 5 6 7
13. 我很少通过讲述各种各样的奇闻趣事来让别人发笑。	1 2 3 4 5 6 7
14. 每当郁闷的时候，我喜欢回忆过去一些幽默有趣的事情来愉悦和振奋自己。	1 2 3 4 5 6 7
15. 如果某个人把事情搞砸了，我经常会讥笑他/她。	1 2 3 4 5 6 7
16. 我和朋友（或家人）在一起的时候，似乎经常成为别人取笑或开玩笑的对象。	1 2 3 4 5 6 7

（续上表）

描述	选项
17. 我经常和朋友开玩笑取乐。	1 2 3 4 5 6 7
18. 我的幽默人生观使得我不会对生活感到过度不安或者丧失信心。	1 2 3 4 5 6 7
19. 我常为搞笑而捉弄别人。	1 2 3 4 5 6 7
20. 我经常通过讲一些有关我自己的弱点、过失或过错的趣事来使别人更加喜欢我或接受我。	1 2 3 4 5 6 7
21. 通常我讲有关自己的趣事时，别人很少发笑。	1 2 3 4 5 6 7
22. 假如我不喜欢某一个人，我经常会在他/她背后嘲笑和贬低他/她。	1 2 3 4 5 6 7
23. 逗人开心是我很自然的与别人交往的方式。	1 2 3 4 5 6 7
24. 我经常讽刺和讥笑那些能力或地位比我差的人。	1 2 3 4 5 6 7
25. 不必费太大劲就可以让别人笑起来——看来我是一个天生富有幽默感的人。	1 2 3 4 5 6 7

统计分数：

亲和型幽默：1*，5*，9*，13*，17，21*，23，25。

自强型幽默：2，6，10，14，18。

嘲讽型幽默：3，7，11，15，19，22，24。

自贬型幽默：4，8，12，16，20。

带＊号的题目在记分时的得分是 8 减去所圈的数字。将每种幽默风格相应的题目得分相加，即为该幽默风格的得分。四种风格分别计分，结果可以对照表 3－2。

表 3－2　幽默类型统计表

幽默类型	高	中	低
亲和型幽默	41～56	21～40	0～20
自强型幽默	26～35	16～25	0～15
嘲讽型幽默	35～49	15～34	0～14
自贬型幽默	26～35	16～25	0～15

2 幽默风格与健康

人们通常将幽默看成是正面而有益的，但幽默其实是中性的，并不是所有的幽默都有益。Martin 教授对幽默风格的分类，就是基于有害幽默和有益幽默的区分。因此，我们应该区别对待有益和有害的幽默，谨慎地选择和使用幽默。

2.1 故作精细幽默一把

研究表明，亲和型幽默和自强型幽默有益于精神健康[1]，并且，亲和型、自强型幽默风格与自尊、自我成就感存在显著的正相关，与抑郁、交往焦虑水平均存在显著的负相关[10]。

2.1.1 亲和型幽默与健康

什么样的幽默才能显示神奇作用呢？一是在毫无获胜希望的环境下，时间、金钱、策略和智慧都已无能为力，但你希望有所作为，运用幽默可以得到柳暗花明的效果；二是出现不可预测或无法控制的突发事件，通常出于常规却不可预知，这种突发事件会对工作量和日程安排产生不利影响，此时运用幽默能够力挽狂澜。

要知心中事，且听口中言。亲和型幽默以博爱的心胸为依托，是发自内心的特殊禀赋和素养，使人彼此之间容易相处与亲近。同样，领导干部具有自如使用亲和型幽默的能力，就容易和群众打成一片，容易营造鱼水相依、血肉相连、同甘共苦、同舟共济的氛围。特别是解决一些突出矛盾时，就容易与群众沟通，说话也有分量和影响。在我国，由于“中庸”文化的影响，亲和型幽默的使用频率较高，并且男女在使用这种幽默风格的时候都比较容易接受。和平共处、和谐的理念是每一个人的心愿，能营造亲和氛围的人往往能够使最多的人集合在自己的周围。

亲和型幽默可以打开沟通之门。亲和是一种内涵，亲和型幽默体现了以人为本的精神源泉。由亲和力产生的人格魅力弥足珍贵，满腔热忱总会带来回报，促进人际关系趋于和谐。当今社会的拜金主义、急功近利、浮躁奢华的社会环境使我们的内心少了很多宁静和安全感，残酷的竞争使我们不得不对这个世界充满怀疑和警惕。逃避只能给我们带来封闭、保守、自私和痛苦，而用爱和宽容能融化交流的冰川，使人敞开心扉，坦诚触及每一颗善良美好的心。每个人都是一半魔鬼一半天使，亲和型幽默能让我们以天使般的面孔去微笑地面对所有人，遮住魔鬼的那一半，生活在关爱之中。

科罗拉多发现洞穴居民

根据美国《国家地理》杂志报道：探险家科勒尔在科罗拉多发现洞穴居民。

在2000年11月底，探险家科勒尔在科罗拉多大峡谷徒步探险，当他走到峡谷的三分之一地段时，因摄氏45度的高温而中暑晕倒，醒来时发现自己被穴居人救入一地下城市。

这座地下城市建筑简朴、洁净，居民全都是史前人类。据科勒尔了解，他们的祖先是一名科学家，在四千万年前，为躲避世界核战争而躲入这一洞穴。现在这个洞穴城市里居住约有16万居民，他们全都不穿衣服，蹲着身子行走。[11]

亲和型幽默不仅可以消除工作上的障碍，而且可以提高生活中的乐趣。幽默感是人类交流过程中一种特有的方式。幽默感是指个体在幽默活动中表现出来的惯常的行为、经验、情感、态度和能力的差异，是一种较为稳定的人格特质[12]。作为人类特有的普遍现象，我们应该拿来为己所用。生活在一个积极和谐的环境中，亲和型幽默让人变得更加热情洋溢。

亲和型幽默可以控制情绪化的表达，让人处事稳重，能振作士气。亲和型幽默是大学生最擅长使用的一种幽默风格，且亲和型幽默与解决问题、求助两种压力应对方式正相关[13]。

幽默感是一种重要的认知能力，研究表明，幽默风格显著影响个体对幽默材料的理解，亲和型幽默的个体对幽默材料理解力较高[4]。但奇怪的是，在大学生测试中有这样一个现象：亲和型幽默与创造力的三个变量，即原创性、多样性、发散性都呈显著的负相关关系，这说明一个人的亲和力越强，他的创造力越低[14]。因此，亲和型幽默并非创造力的重要指标。

亲和型幽默能为你排忧解难。在纷繁的世界里，事物往往呈现千头万绪、繁杂困难的景象。运用亲和型幽默，就能把周围的人集中在身边，使你在工作和生活中多一些理解和具体指导。

2.1.2　自强型幽默与健康

自强型幽默可以帮助我们增强活力，激发创造力和耐力，提高工作热情和生产效率。当你情绪低落的时候，用幽默来振奋自己，从幽默中汲取力量，更能游刃有余地应付困境。追求人生理想、攀登人生顶峰的途中，必然会遭到许多外来的阻力，机遇就藏在阻力之中，心理上适应得越快，就越容易成功进入角色。用幽默调节情绪，从内心激发起自己的动力和激情。

自强型幽默可以提高心理承受能力。在人生道路上，挫折和失败是常有的事，自强型幽默是随环境变化调节自我心理的有力武器。当你感到难过或者不高兴的时候，尽力去想一些与此时此境相关的趣事来使自己感觉好一点。自强型幽默让我们对生活保持乐观的视角，减轻生活中因失败带来的痛苦。

桃丽是一家大公司公共关系的协调人，在一年半的时间内，她连续雇佣、训练并失去了三位秘书，三位都离职他就。

“我是怎么回事?”她开始怀疑自己，“为什么我连一个秘书都留不住?”

有一位同事替她解围说：“这三位秘书都是在公共关系方面找到更好的工作，你应该骄傲，因为就是你帮助了他们往上爬。”

“我的困扰就在于入错行了，”桃丽自己打趣说，“我教得太好了，我应该去当老师。下次我不会把秘书训练得这么好了。”[15]

对于桃丽来说，连续失去三个助手的现实是个不小的打击。幽默不仅给出了一个对现实的解释，同时又肯定了自己在训练秘书上的成功。换个视角看问题，世界将会是另一番辽阔的天地。

自强型幽默有助于个体对幽默材料的理解和欣赏。自强型幽默是针对自己的，是自己所经历和体验过的一些事，所以要自己去挖掘、回想和整理，自然就锻炼了对幽默材料的理解。当你欣赏他人的幽默事迹时，你就能融合自己的经历切身体验到幽默的情境中去，加强了共同体验，从而锻炼了自己的幽默敏感性，提高了欣赏幽默的能力。

自强型幽默会促使个体从多种角度来看待压力情境，思维视角更具有灵活性和主动性，从而降低对知觉的或真实的威胁的消极情绪。正是这种转换视角的灵活能力使得人们从威胁情境中摆脱出来。自强型幽默可降低焦虑紧张，促进心理幸福，这是积极心理学研究的一个重要内容[15]。幽默的人生观能让你不会对自己的生活感到过度不安或者丧失信心。

自强型幽默有助于形成乐观的气质。当你独自一人并且感到不愉快的时候，尽力去想一些趣事来振奋自己。幽默的人具有轻松的思维方式，更能使自己轻松、乐观地看待事物的发展。

> 人，很多时候有不开心、不如意的事，雨过天晴后，你多数只会记得开心的事情。有时有些不开心的事情，以轻松的心情面对，事情反而会变好。
>
> ——范徐丽泰，香港立法会前主席

关于幽默与压力应对方面的很多研究都涉及了自强型幽默的应对作用。从大学生应对方式进行频数统计分析得出，大学生的应对方式使用频数从高到低依次是：解决问题、求助、幻想、退避、合理化、自责。研究表明自强型幽默与解决问题、求助两种应对方式显著正相关，与自责这种应对方式显著负相关[13]。我们应该倡议将自强型幽默作为一种更好的自我完善、促进心理健康、创造力表达、人格完善和自我实现的方式，更多地使用幽默来应对困难、压力和挫折等。幽默人生观将使我们远离过度不安，对生活永远保持信心。

2.2　幽默也有害

幽默是中性的，幽默有好也有坏，了解幽默的害处，有利于我们积极地使用幽默。研究表明，嘲讽型幽默和自贬型幽默有害于精神健康，而自强型幽默和自贬型幽默对精神健康的影响，比亲和型幽默和嘲讽型幽默的影响大[1]。

2.2.1　嘲讽型幽默与健康

在运用嘲讽型幽默批评人、说教人的时候，可能会起到贬低他人的效果，让自己的快乐或其他目的建立在别人的痛苦和反感之上。

某老板年过五十，却娶了一位二十出头的年轻妻子，结婚才两个月，就生了一个小孩。这位老板为孩子做满月酒，亲朋好友都过来祝贺。其中老板的一位好友平时很爱开玩笑，今天这种场合也不例外。

这位朋友给孩子准备的礼物是纸和笔，并亲自把礼物交给刚当上爸爸的这位老板。老板谢过之后觉得很奇怪，就问："孩子才满月，这些是不是太早了呢?"

"当然不早，"这位朋友嬉笑着说："你的小孩是个急性子，本该九个月后出生的，可是他两个月就出来了，再过五个月，他肯定要去上学了，所以我就给他准备了纸和笔。"

这样的礼物，这样的回答，在大庭广众之下，嘲讽他人未婚先孕，实际上是在拿他人的隐私开玩笑，本来很要好的朋友都会弄得十分尴尬。一句幽默的妙语能够给沟通带来奇迹，给紧张的氛围带来轻松，但是嘲讽型幽默也可以给人带来伤害，给人际关系带来负面影响，从而对人造成伤害。

嘲讽型幽默可能会伤害到被嘲讽对象，给人造成不愉快的心理阴影。很多人嘲讽了别人，却还为自己的幽默沾沾自喜。误把尖酸刻薄当作有趣，实际上是把自己的快乐建立在别人的痛苦之上，殊不知被取笑者只能以微笑的假面来强掩内心的伤痛。

假名

县文艺创作室有人员数人。一创作人员小有成就，被收入某一《名人录》，喜不自胜，当即翻开该条目以名典示于同事，借以炫耀。忽然讷讷束手，口不能言。原来，此《名人录》定价50元，凡购买十册者，皆可入选。本创作室人员已悉数收入，该地业余作者亦有数人入选。[16]

嘲讽型幽默表现出的是对弱者的不尊重。在不同的社会环境下建立起来的价值观念存在差异，一个社会的强大、进步、文明，并不是看这个社会对强者的态度，而是要看对弱者的态度。对强者献媚的社会是落后的，而尊重弱者才是文明的社会，利用弱者来取笑的做法是一种低俗的噱头。弱者需要的是社会的关怀与扶持，绝不是成为公众的笑料，在生活中应该少用嘲讽型幽默。

2.2.2　自贬型幽默与健康

自贬型幽默同嘲讽型幽默一样要少用。嘲讽型幽默的对象是别人，而自贬型幽默的对象则是自己，因此，这两种幽默在某种程度上造成的伤害是类似的。使用自嘲和讨好能在一定程度上解决一些问题，但是如果不明真相、一味地向他人赔不是，过度使用自嘲和讨好，不但无法真正解决问题，反而因此会有形无形地贬低了自己的价值，使自尊心受到伤害。

经常使用自贬型幽默会使自己变得焦虑、抑郁。我们使用幽默的主要目的是保持身心健康，而嘲讽型、自贬型幽默风格与自尊水平存在显著的负相关，与抑郁、交往焦虑水平存在显著的正相关[10]。这就是说，越多地使用嘲讽型和自贬型幽默，自尊水平就越低，而负面情绪，比如抑郁、交往焦虑水平就会越高。

自贬型幽默会让人产生交际困难，造成心理自闭。自我贬低、过度讨好等行为，会让人觉得没有自尊可言，降低自己的人格魅力。何况把原本不是我们自身的问题揽到自己身上，会给自己增添不少麻烦。过度使用自嘲，会让人鄙视自己，从而让人不愿意与其交往。

自贬型幽默还有可能是懒惰和懈怠的源泉。德国哲学家黑格尔说："自卑往往伴随着懈怠。"自贬型幽默会强化自己的缺点和失败。一个人经常遭到失败和挫折或是不断地提醒自己曾经的失败经历，其自信心就会日益减弱，从而抹杀掉一个人的自信心，本来有足够的能力去完成学业或工作任务，却因怀疑自己会失败而显得被动，甚至变得懒散。负面的情绪会影响到生活和工作，给人的心理、生活带来的不良影响亦很大。

调查表明，大学生采用的幽默风格频率依次是：亲和型幽默、自强型幽默、嘲讽型幽默、自贬型幽默[13]。这就是说，即使在具有典型代表性的大学生人群中，也不提倡使用嘲讽型和自贬型幽默。幽默的使用是为了身心健康，我们要提倡有益的幽默风格，而有害的幽默风格的使用最好是点到即止。

3 幽默风格的调适

在生活中我们通常会发现这样一种有趣的现象，即有两类人很难与人和睦相处：一类是自以为是的人，另一类是轻视自己的人。自以为是的人有一个明显的特征：孤芳自赏。这种人语言凌厉，以己之长，攻人之短，甚至会恶语相加。而轻视自己的人就完全不把自己当一回事，这类人自轻自贱极度卑微，与人交往时无潇洒倜傥之态，缺乏主见，常看别人眼色行事。

我们不能渴求每个人都能幽默得体，也不能要求每个人都具有亲和力。我们不能改变整个世界，但是我们能改变自己。

3.1 少用嘲讽型幽默，多用亲和型幽默

嘲讽型幽默会得罪很多人，为区区小事打得头破血流，为区区小事劳神费力；而亲和型幽默能增强群体凝聚力，轻松逗人开心。如何将自己的嘲讽型幽默风格转换成亲和型幽默风格呢？

第一，和为贵，忍为高，谦逊亲和。如果你发现自己总是喜欢取笑别人的缺点，甚至当你不喜欢某个人时，总是当面揶揄、嘲笑或者贬低他，那你的群体凝聚力怎么可能强？这里所说的“和为贵，忍为高”，并不是提倡忍气吞声或者是对恶俗势力视而不见。亲和力是一门关于距离的学问，也是一门关于尺度的学问。没有哪个伟人是孤傲清高、不可一世的。节制是一种秩序，也是个人对社会应尽的责任和义务。对待任何人，亲和谦逊不仅是沟通的要诀，更是个人的美德修养。

第二，主动交往，待人真诚。主动扩大交际面，融合大众，气质来源于修养，待人真诚有利于形成亲和大众的形象，也是缓解工作压力的最好办法。在人际交往中，要使自己的交际方式大众化，不摆架子欺压人，主动帮助他人，从中获得人生乐趣。

第三，使自己的说话语气和方式尽量温和。是非只为多开口，烦恼皆因强出头。纠纷争端都是说话太多引起的。端正心态，找对方法。亲和力的修炼绝非一朝一夕之功。靠嘲讽那些某方面技能不如自己的人来博取众

人的开心是不对的，强中自有强中手，你还可能遇到比你强势的人的挑衅。试想，他们也以你为嘲讽型幽默的对象时，你是否能忍受呢？不以取笑人为娱乐，微笑、大度、平和、彬彬有礼，都会让人感觉有安全感。

第四，视被幽默对象与你的亲密程度和信任程度而定。一般来说，若是亲密和相互信任的人，开一些无伤大雅的玩笑，不仅不会给双方造成冲突，而且会增加双方的相互了解，拉近双方的距离。信任是嘲讽型幽默的缓冲剂，能有效减少其带来的负面影响。

每次老婆和老公吵架，老婆就跑到厕所待半天。这样的次数多了，老公就忍不住问老婆：“在厕所干吗呢？好像还挺解气的。”

老婆说：“刷马桶。”

老公问：“刷马桶也能解气？”

老婆说：“反正每次用的都是你的牙刷。”

第五，独乐乐不如众乐乐，收集各种各样的幽默笑话，与人一起分享。人们通常倾向于与和自己有共同爱好和共同特点的人交往。因此我们要注意把自己打扮成和大伙是一类人，针对不同的人，把自己打扮成不同的角色，雅俗共赏。只有当人们觉得你和他们有共同特点、共同语言的时候，他们才会对你产生亲切感，才会和你交换思想。与人为善，人家才会欣赏你的才能，敬重你的品格。平时就要注重收集生活中一切与幽默有关的素材，并要练习形体与语言的搭配和组合。语言表达能力是形象说出幽默的工具，也是培养亲和型幽默的工具。

你先“死”吧

某日，一学校运动会后，某潮汕籍同学去洗手间洗手，恰好一辅导员也要准备去洗手。看到辅导员走过来，这位同学立刻很有礼貌地让开，并且说（用普通话）：“老师，你先‘死’（洗）吧。”

老师听后立刻回答说：“不，还是你先‘死’吧，你‘死’完我再‘死’。”

第六，参加专门的幽默训练，从自我心理修养和锻炼出发来提高自己。释放心襟，开阔心胸。对自己有一颗轻松的心，对别人有一颗宽容的心。不要对自己有不切实际的过高要求，不要过于在意别人对自己的看法。学会平和地看自己，也学会善意地理解他人。正确地认识自我，不论在什么样的环境中总是保持一种愉悦向上的好心情。

即使不喜欢某个人，也不要当面或者背后道人长短，嘲讽和揶揄并非大众所喜欢的消遣方式。当你在交往中掌握亲和型幽默风格的技巧时，你才能更好地调节生活，使生活充满欢乐。

3.2 少用自贬型幽默，多用自强型幽默

如果你是一个自贬型幽默风格的人，那么请你多使用自强型幽默来改变自己的风格和处事方式。自贬型幽默风格与自强型幽默风格之间的调适可以参照以下几个方面进行：

第一，从表现自我方面来说，尽量避免在众人面前过分贬低自己，不要让人家过分地取笑自己，奋发图强，在生活中要做到该严肃的时候就要严肃，该表现的时候就充分表现。即使取笑自己是保险的做法，也不要过于贬低自己。

经常用自贬的方法来表现幽默感，会对自己起到心理暗示的作用，缺乏自信，办事无胆量，畏首畏尾，随声附和，甚至磨损人的独特个性。就像经常对自己反复强调自己在某个领域能力欠缺，时间久了，就成为一种自我催眠，形成一种消极的情感体验，形成性格的缺陷。自卑表现为对自己的能力和品质评价过低、猜测和质疑，往往从怀疑自己的能力到不能表现自己的能力。

实权

王主任在酒桌上认识了李主任，李主任是电影公司的。酒菜下肚，李主任拍着胸脯说：“以后看电影找我。”那意思就是不用花钱。

王主任领着老婆孩子找李主任了，李主任热情接待，写了张条子让王主任找张组长，张组长见条，热情接待，让小刘领着王主任一家进放映场找座。

又来好电影了，王主任心里打了个顿，还找李主任。李主任同样热情接待。写条、张组长、小刘、放映场又轮一回。

又来好电影了，还找李主任吗？太麻烦了。王主任自己掏钱买了票。老婆说："五楼老梁家每次看电影都不用买票，不知道他家认识的谁？"

王主任说："可能认识个官吧。"

一日，五楼老梁下楼找王主任办事。王主任的老婆问："老梁，你家看电影认识的谁啊？"

老梁答："把门老头。"[16]

自强型幽默则能鼓励自己，发挥自己的个性，能在众人面前积极展现自我，遇事会有良好的表现。经常使用幽默激发自己，能够发掘潜能。从个人人格的角度来说，最重要的是要建立起充分的自信。

第二，生活积极向上，勤于思考。通过有意识地去想、去做一些事情，引发出自己内心的渴望和养成积极思考的习惯，从而积极地影响自己的行为和潜意识。自我激励可以使我们认真思考，提高效率，藐视困难，乐观地看待人生。用快乐的事物来对自己进行心理暗示，也能鼓励你追求目标，有信念和力量；即使是生活遇到不幸、遭到挫折时，想想与此情此景相关的乐事，都能重新鼓起对生活的信心和勇气。

第三，思想乐观，建立信心。要善于自我满足，知足常乐。在学习上，目标不要定得太高。适宜的目标，可以使自己更容易获得成功，这对自己来说是一种最好的激励，有利于提高自信心。工作上也要有条不紊，按部就班，不能梦想一步登天，每次成功都是你开心的源泉。自信足了，心态放开了，幽默自然就手到擒来了。

第四，对人对事都要不卑不亢。即使是想要家人或者朋友发笑，也不要失去理智地贬低自己。同时要自我放松和激励，在生活中不要畏惧担忧，也不必考虑失败，用轻松的心态面对所有事物。比如，对自己轻松地说："我用一根小指头就能把这件事解决掉。"然后对镜子做一个傲慢的表情。

要由自贬型幽默风格变成自强型幽默风格，最重要的是要有锻炼良好的意志品质的方法。参加一些心理训练，使你不仅能抵抗外在困难的侵袭，而且能消除内心的软弱和优柔寡断。日本富士宫经理学校有一项“自我激励”的训练方法：学员必须熟记和反复背诵“做生意守则”中的第8条：“不论遇到多大困难，我决不放弃目标，即使通宵达旦，也要毫不气馁地尽我最大的努力来完成我的目标。”

第五，激励的过程中创造适度的“失谐”也是转换自贬型与自强型幽默风格的方法。快节奏的生活会产生过度的失谐，让你在舒缓压力的方式上更多地体现出消极的幽默风格。只有在认知平衡下创造适度的失谐，才会产生积极的幽默风格。为了促进我们心理健康的发展，我们要调节面对问题的差异，注重协调工作环境和内心的和谐统一。

亲和型和自强型幽默可作为同别人交往和自我鼓励的方式，经常使用有凝聚力的幽默，能增加人际关系的和谐程度，而对生活保持幽默的视角，能够起到鼓励自己奋发向上的作用；嘲讽型和自贬型幽默会嘲讽别人和自己，带有自私的目的性和攻击性，对心理健康有害。

将不健康的幽默风格变成健康的幽默风格，要对自己进行严格的自我训练。加倍练习能让你在工作中多一些职业成熟感，在生活中多一分激情。积极的自我暗示，能使自己走向成功；消极的自我暗示，则使人招致失败。当你在这里投入细腻的感情，你就能拥有对工作的热爱，发挥自己的人格魅力和认知思维的优势。

【注释】

[1] 陈国海，Rod A. Martin. 大学生幽默风格与精神健康关系的初步研究. 心理科学，2007，30（1）.

[2] 岳晓东. 幽默风格、气质乐观、心理健康：493 名广州、香港、澳门大学生的调查. 第十二届全国心理学学术大会论文摘要集，2009.

[3] 孙绍振. 幽默谈吐的自我训练. 广州：广东旅游出版社，2002.

[4] 胡欢，司继伟. 不同幽默风格对个体理解幽默材料的影响. 第十二届全国心理学学术大会论文摘要集，2009.

[5] 赵南星等. 明清笑话集. 周作人校订. 北京：中华书局，2009.

[6] 张桂华，王一粱. 蓝色幽默. 济南：山东人民出版社，2007.

[7]［美］本杰明·富兰克林. 富兰克林自传. 汝敏译. 北京：中国城市出版社，2010.

[8] 李志敏．有一种口才叫幽默．北京：中国纺织出版社，2009.

[9] Chen G. H. University teachers' humor production in the classroom and student ratings of teaching effectiveness. Unpublished Ph. D. Dissertation, The *University of Hong Kong*, 2007.

[10] 郝霞．大学生幽默风格、气质性乐观与心理健康关系研究——内蒙古与香港大学生的调查与分析．内蒙古师范大学硕士学位论文，2008.

[11] 匀蓬．西方愚人爆笑录．北京：中国戏剧出版社，2004.

[12] 陈煦海，黄希庭．幽默感研究述评．西南大学学报（人文社会科学版），2007，33（2）.

[13] 肖凤秋．大学生幽默风格与应对方式的相关研究．首都师范大学学报，2009 年增刊.

[14] 兰岚．大学生幽默特质与创造力特质的相关研究．内蒙古师范大学硕士学位论文，2008.

[15]［美］罗伯特·斯坦恩．幽默的艺术——随心所欲展示你的魅力．王笑东译．北京：民主与建设出版社，2003.

[16] 英韬，徐鹏飞，夏清泉．讽刺与幽默 20 年精华．沈阳：辽宁人民出版社，2001.

第四章　组织幽默减压

有专家指出，压力管理是人力资源管理的职能之一。目前，我国专门针对工作压力进行咨询的机构甚少。幽默减压对中国多数组织不只是必要，而是势在必行。组织压力管理失效是一种巨大的损失，幽默有一种神奇的力量，让压力在瞬间烟消云散。

1 企业幽默减压

企业压力管理的不及时和失效会导致巨额经济损失。企业要了解自身状况和所处环境，并针对压力采取应对措施。压力管理有助于企业提高竞争力，甚至最终影响企业或行业的利润潜力变化。

1.1 企业压力与应对方法

为了有效地进行压力管理，管理者要能准确地查明企业压力的来源，从而相应采取有针对性的积极措施。

1.1.1 企业压力

企业的压力可以从以下四个方面进行分析：

（1）消费者压力。营销学大师菲利普·科特勒[1]说过这样一句话："在一个缺少顾客而不是缺少产品的社会中，以顾客为中心至关重要。仅仅满足顾客并不够，你必须取悦顾客。""顾客是上帝"，强大的顾客关系是企业存在的强大基石。

面对纷繁复杂的市场，消费者在寻求产品时，夹杂的是被尊重的心理需要和服务这两个问题。企业想要立足，必须提高产品质量和品质，加强服务意识，尽量满足消费者的需求。所以，消费者可以说是企业压力的第一来源。

（2）资源压力。商业组织要购进大量的原材料、生产部件、工厂和设备、供应品以及商业服务，在可供选择的品牌和供应商之间必须进行认真的调查、评价和挑选。

企业在采购资源的过程中面临很多决策，这些决策都会影响到组织目标的实现。企业在获取资源的过程中，至少存在以下六个方面的风险：①计划风险，决策单位参与者会赋予资源不同的优先权，市场需求的变化也会影响采购中心的决策和采购计划的准确性；②价格风险；③采购质量风险；④技术进步风险；⑤合同欺诈风险；⑥存量风险。

企业资源采购要以尽可能低的价格，得到完全符合企业生产所需的生产物资，这是企业经营的一个核心环节，是企业获取利润的重要来源，同时又是企业经营管理中的薄弱环节。

（3）员工压力。员工是企业运转的血液，员工的积极性是企业良性发展的成功之道。成功的企业是与员工一同成长的，并把员工自身价值的实现与企业的发展有机地结合起来，让企业的发展成果与员工共享，就能增加员工对企业发展的期望值，增加员工就业的稳定性。

企业关注员工的利益，注重民主管理，让员工参与管理，让员工有话语权和民主决策权，才能增强员工的主人翁意识和归属感。员工安心工作，稳定生活，才能为企业作贡献。

（4）竞争压力。在市场经济的今天，企业组织之间存在着相当大的竞争。竞争者一般是指那些与本企业提供的产品或服务相似，所服务的目标顾客也相似的其他企业。行业内竞争对手与本企业直接发生竞争关系，有相似的经营范围、客户群体、服务和产品，甚至地位、实力和市场规模均比较相近。这种竞争关系剧烈、持久且明显，关系到企业的生死存亡，通常需要企业花很多精力去研究。企业同时还要辨识行业外竞争者，并采取相应的措施。而潜在的竞争对手主要是指本行业可能的进入者，因为产业的协同效应，或相似的客户群体，或政策的因素可能产生竞争。

企业是一个系统，牵一发而动全身，任何一个要素或环节出现问题都会影响整个组织的运行。目前我国处于发展阶段，市场广阔，但总体上呈现结构不合理、服务水平低的情况。这些既是企业的发展契机，也是企业的发展桎梏。

1.1.2　应对方法

企业在创造利润的同时，还要承担对员工、消费者、社区和环境的责任。为了避免员工陷入机械的工作情绪，导致“过劳”问题的发生，使广大消费者的利益和需求得以满足，企业承担着重大责任，要积极为员工和社会减压。企业减压的途径主要有：

第一，提倡轻松领导。领导者要使工作环境变得轻松自在，以增强团队间的凝聚力，要有洞悉员工心理的能力，并有能力思考和采取行动，使员工的抵抗情绪得到一定程度的缓解。

第二，要切合员工的实际需要，有针对性地对员工进行培训，讲授压力管理和心理调节的方法。

第三，要为员工形成沟通交流的平台和放松身心的机会，为员工的压力管理提供支持。企业可以定期组织集体活动，以提供体育锻炼的机会。

第四，提倡“以人为本”的组织文化，落实为客户创造价值的思想。组织要开展人文关怀活动，组织员工减压疗养，为顾客提供最优质的产品和服务等。

企业减压的方法有很多，秘诀在于“轻松工作”，只有满足了归属和爱的需要，员工才有可能“自我实现”。

1.2 幽默应对企业压力

一个组织仅仅靠优厚的薪酬和稳定的福利是很难让员工长久地留在企业的。有归属感的员工才会勤恳地为组织工作。开心是孕育创意的土壤。只有给员工提供一个轻松的工作环境，保持工作上的快乐情绪，才能提高和振奋士气。

1.2.1 企业幽默文化

企业文化是指企业在其生存和发展过程中所形成的思想意识、行为习惯以及价值观等，其核心就是企业的价值观，它决定着企业成员的思维方式和行为方式[2]。企业幽默文化是指企业崇尚幽默、轻松的管理方式和思维方式，用有别于传统的、刻板的、命令式的形式对整个组织进行管理和引导。

良性的文化氛围是激发员工潜能的基本条件，企业幽默文化的塑造可以引导和帮助员工形成正确的价值观，如帮助员工平衡工作与生活等。平等、民主的企业文化，有助于员工形成主人翁意识，愿意为实现企业的愿景而竭尽全力，自觉与企业同甘共苦。

美国西南航空公司是员工工作最卖力、忠诚度最高的一家公司。西南航空公司注重幽默，注重团队效应，信奉员工第一，并以正直、信任、互相尊重、接纳、开放、卓越、勇气、俭朴、主动及风趣为价值观。西南航空公司让员工分红入股，对员工的工作保障和稳定的工作环境作出承诺。面对员工，强调爱与宽恕，但是同时也强调爱不保证认同或认可，不会因为爱而失去公理和原则，这是一家有趣的公司，是值得信赖和模仿的对象。

要想使员工发扬主人翁精神，发挥最大潜能，管理者就应当履行企业文化教练的职责，充分了解、深刻理解员工所想所需，使员工与企业融为一体。只有这样，员工才会主动把企业人的角色扮演得神形兼备。因此，塑造轻松幽默的企业文化氛围是十分重要的。

1.2.2　幽默领导

领导的特质包括[3]：①完整性；②虚心听取意见；③鉴别力；④对人类精神的认知；⑤人际信任；⑥幽默感；⑦智能和好奇心；⑧了解过去，关心现在，考虑未来；⑨可预期性；⑩胸怀宽广；⑪坦然面对模糊性；⑫身体力行。好的领导能够使员工形成对组织的向心凝聚力。幽默作为领导的重要特质之一，越来越受到重视。幽默领导不仅能塑造快乐的工作环境，而且能促成员工的归属感，增强团队间的凝聚力。

领导使用幽默主要有三个目的[3]：①减轻工作场所的压力；②帮助员工明白领导者的意图；③激励员工。幽默领导是一种轻松自在的管理方式和理念，能对领导效果进行有效调节。真正的领导者要能洞悉员工心理，并有能力思考和采取行动使员工的抵抗情绪得到一定程度的缓解，幽默的人更容易成为一个好领导[4]。幽默是提升领导行为有效性的最好工具。领导者可以借助幽默的力量改善自己在下属心目中的形象，增强自身魅力，实现有效领导。

小李刚来公司，初次见领导王总的时候，王总把她叫到办公室说跟她谈一下以后的工作情况。见小李站着，王总指着桌前的椅子说："坐。"小李坐定。王总先问："喝水不?"答曰："不喝。"只见领导按下电话上的免提对前台说："给我冲杯咖啡来。"小李心想，这领导也忒客气了，于是连忙说："王总，不用麻烦了，我不喝。"王总哈哈大笑："臭丫头，我是给自己要的，你想得还挺美。"

领导要善于识别和使用幽默。幽默领导能更好地拉近与下属之间的距离，体现领导的素养和包容。沟通是了解员工的重要途径，幽默在沟通中发挥的巨大作用不可低估。幽默领导能有效地提高管理效能，融洽人际关系，并在公司内部起到黏合作用，使大家在紧张的工作环境中轻松下来，提高个人和团队的生产力、创造力和工作满意度。善于使用幽默的领导显然比刻板严肃的领导更具有魅力和向心力，懂幽默的领导必定是一个充满智慧和魅力的领导，更能赢得下属的尊重和追随，更能受到同行的认可，也更容易引导组织走向成功。

有一次，薄熙来答应去"佳能杯"日语演讲赛上致辞，可因故迟到了。一开场的时候，他是这样说的："大家下午好，很对不起，来晚了。其实我来早了也没用，因为反正我不懂日语。（笑声）我好佩服吕万山会长和张步宁主任，他们从一开始就坐在这里聚精会神地听你们演讲，好像他们也很懂日语。（大笑声）日语演讲越办越好，看见会堂坐满了人，我有两个相反的想法：一是这么多人学日语，说明日语挺好学，我也应该学；另一个想法是，这么多人学，那我还学什么，到处都是我的翻译。（大笑声）"

幽默是人类智慧的灵光闪现，是语言艺术的精华所在。如此精彩的演讲，妙解迟到，不仅打破了不懂日语的沉闷气氛，而且拉近了同普通民众的距离。

1.2.3　微笑经营与服务

微笑经营与服务，就是将幽默感渗透到经营的艺术中去，从而形成幽默的经营风格。幽默技巧和方法在经营中的巧妙运用，不仅满足了消费者受尊重的心理，提高了消费的满意度，而且也使经营者大受其益。

泰国曼谷有一家餐厅，面积大、顾客多。为了及时为顾客服务，餐厅老板采用了别具一格的服务方式：把身强力壮、仪态端正的男女青年服务员训练成溜冰技术非常娴熟的侍者。他们手捧盘碟，脚踏旱冰鞋，来往穿插于各个餐桌之间，把美味佳肴送到顾客面前。这种奇特的服务方式不但满足了顾客迅速进餐的需要，而且还使顾客好像身处大溜冰场里，可以观赏俊男靓女奇特的溜冰表演，从中增添了不少乐趣。

幽默营销是微笑经营模式的一种。幽默营销就是别出心裁地将幽默运用到营销活动中去，大胆开辟别人不屑或不敢用的营销服务方式，把枯燥无味的营销活动工作变成生动有趣、引人注目的一种营销策略。幽默营销的主要手段有以下四种：

第一，幽默品牌。幽默品牌标志能给顾客特别的感觉，留下深刻的印象。

第二，幽默包装。幽默包装能抓住消费者的心理，引人入胜，营造浪漫谐趣的艺术效果。

第三，幽默广告。幽默广告以幽默精短取胜，让严肃的推销目的包容在轻松的喜剧气氛中。

第四，幽默推销。推销是经营的关键，利用各种戏剧性的展示或风趣的表演引起消费者的注意和兴趣，获得消费者的青睐。

广告效果

马克："昨天，电视台播放了我们公司招聘仓库警卫的广告。"

杰瑞："现在没工作的人这么多，这条广告一定很有效吧？"

马克："太有效了！中午播出广告，晚上仓库就被盗了。"[5]

幽默是一种水到渠成的东西，既能使语言添彩又能增强沟通的质量。幽默营销要善于学会观察周围的事物，了解客户的感受，寻求客户需求点，尤其是要考虑其性格偏好，从而找到合适的幽默话题。微笑经营将会得到更多顾客的青睐。

1.2.4　幽默应对危机

企业要面对的危机和困境很多，管理上的偏差、同行的竞争、对手的恶意破坏或是外界特殊事件的影响等都可能使企业陷入极限状态。面对危机，企业该如何应对和自救？

陶陶居的蟑螂汤事件

作为国有企业的陶陶居是广州的一个老字号企业。在一次饮食当中，顾客在第二次喝汤的时候，赫然发现汤中竟然有一只蟑螂。酒楼碰见这种情况，一般的补救措施是撤下这碗汤，再换成别的东西，或者是为这一桌酒席打个折。但遗憾的是，这几位顾客不同意这种常见的处理方式，他们要求赔偿交通费、精神损失费、医疗费等。

在争执中，楼面经理缺乏危机应对能力，竟口不择言说出了“蟑螂是中药，那么蟑螂汤也就没有什么危害，同时，汤都是高温煲出来的，也不会有细菌”等话语。勃然大怒的顾客于是迅速端起这碗蟑螂汤来到羊城晚报社。由于陶陶居的领导一直没有高度重视，甚至其办公室主任对采访的记者也态度粗暴，终于使陶陶居在这个“蟑螂汤事件”中一发不可收拾，最终使这只“蟑螂”越长越大，仅在《羊城晚报》的头版就“趴”了一个礼拜，并最终使陶陶居停业整顿。

化解危机的能力是决定企业是否能成功的因素之一。幽默应对危机，不是将危机视同儿戏，而是应该“战略上蔑视，战术上重视”。区分幽默的对象、时机和场合是正确使用幽默的第一步，恰如其分的幽默才是解决问题的良策。

一位西装革履的男士到某公司的收发柜台对收发小姐说：“你好！你长得好漂亮哦，好像电影明星林青霞。”

收发小姐很开心，问：“先生你有什么事？”

“我想见你们的董事长。”

“董事长今天出差了。”

“那么请问董事长什么时候回来？我有要紧的事必须和他商量。”

“董事长抵达新加坡之后，会前往吉隆坡，大约在下周三会回到公司。”

“不知道董事长在新加坡住哪一家酒店？”

“假日酒店。”[6]

适当的赞赏能够解除人们的心理防备，从而丧失对你的警惕，让你更轻松地达到目的。

提倡幽默感的企业，能使员工保持积极心态。面对危机，平和的心态能够集合企业所有员工的智慧，灵活机智，游刃有余，因而总能化险为夷。

可以这样认为，企业的发展、壮大以及灭亡有50%的机遇是在危机发生时或处理危机时产生的。幽默是一种成熟的、智慧的心理防御机制，适时适度地使用幽默，可以解除紧张的气氛，化解危机，使企业生命更加具有弹性和活力！

1.2.5 快乐工作场所

把幽默带进工作，工作时保持快乐，工作之余自娱自乐，这是使员工快乐工作的动力之源。工作场所的布置是决定员工工作压力大小的一个标尺。

严肃刻板的标语容易使员工陷入机械的工作情绪，时间长了必定产生单调和厌烦的感觉。把单调的、严肃的标语改成跳跃的图画或者是轻松的顺口溜，更加贴近生活，就不会给员工造成压迫感。

西南航空公司的组织文化以员工安全快乐、顾客满意程度及一视同仁三项价值为核心。西南航空公司讲求人人平等，它提供了一个让员工发挥潜能、团队合作学习的舞台，让员工在工作中能够享有快乐与成就。所有的员工都可以自由走动，不用限制于自己的工作。不用专业的人，而要找幽默、不自私的人。公司董事长凯勒尔是个爱搞怪的老板，注重爱心和幽默感，自己会着奇装异服，偶尔会骑哈雷摩托出现，常跟搬运工人一起喝啤酒，也会到登机门协助空姐办理登记手续。幽默感是西南航空公司的服务精神：空服员可以自行决定要穿什么衣服来服务客人，凯勒尔和员工更会在复活节扮小兔、在圣诞节带上驯鹿等，让严肃的顾客还会期待下次不同的搭机经历。西南航空公司制造了幽默解除压力，使公司由名不见经传的小公司发展成为第五大商业运输公司。西南航空公司的幽默，在航空界的紧张环境中发挥了独特性，使员工和乘客都从中得到了快乐。

另外，标语或者工作口号等的设定，还可以向广大员工征集，这不仅能集思广益，把日常生活的简单轻松气氛带进工作场所，还能调动员工积极参与，形成集体荣誉感。例如，用漫画概括公司的文化，布置在工作场所，对员工进行随时随地的影响。

海尔员工画与话

2000年，原洗衣机电工本部员工首创以漫画形式诠释企业文化，风趣的漫画把企业文化中一些比较抽象的理念清楚地表达出来。随后，海尔各事业部迅速跟进，组织下属员工画漫画，并布置了漫画看板。海尔员工漫画能在《海尔人》报上发表，能在车间悬挂，而且工会每年还编辑出版一本《海尔员工画与话》。这种做法得到日本神户大学有关教授的高度评价，认为“用漫画的形式诠释企业理念，这在国际企业界也是一种创举”。

海尔员工画与话诠释企业文化理念，能给人以下启示：①抽象的文化理念，如业务流程、纪律、规章制度等，要找到形象的表达方式，这样员工很容易理解和接受；②文化的传播，不是管理者一个人的事情，而是要全员参与推动。员工有了参与感，才会有认同感。

1.2.6 幽默环境支持

有人认为，管理的最高境界是无为而治；有人认为，只有符合时宜、与时俱进才是最高境界。其实，管理的最高境界就是进行心的管理，上下一心，尊重人，关怀人。要营造轻松的工作环境，幽默是一个不可或缺的工具。

某君到某市一养猪场考查，见门口门牌写道：“人和良种猪配种场。”忍俊不禁。原来，该养猪场所在镇是人和镇。

首先，要营造轻松幽默的环境，举办企业集体活动是最好的方法，如猜谜、趣味运动会等。举办集体活动时，员工通常能把工作的压力和个人的情绪抛在一边，领导者要充分发挥自己的幽默感，引导员工投入到集体的活动氛围中来。这样不仅有助于培养团结向上的集体情感，同时也能让员工彼此之间增进了解。让员工在活动中彻底放松身心，能中和工作产生的紧张感和约束感，提高工作满意度。

沃尔玛的经营哲学

沃尔玛信奉“以轻松创效益”。即使是一些性质较严肃的会议，沃尔玛也是在轻松中进行的。例如，沃尔玛星期六早上的晨会，不都是严肃的话题，有时还会邀请一些店外人士作特别来宾，这里有鼎鼎大名的商业巨子，如通用电气公司总裁，也有与公司有业务关系的乡下小企业的老板，有时还可能是NBA的体育明星，或俄克拉荷马的乡村歌手。有位喜剧明星被邀请过好几次，每次都会把参会的经理们逗得前俯后仰。甚至连一年一度的股东大会，公司也经常会邀请一些演艺人员如歌手等出席助兴。有时候，正事在会上反而被搁在一边，大家在一起做啦啦操，唱唱歌，或做些瞎闹起哄的事。沃尔玛这种独特的会议风格，并不影响会议的进程，相反，它还更有利于与会者畅所欲言，从而达到有效信息沟通的目的。

其次，企业都开始为员工提供关爱计划，将会使员工的身心更健康，有助于轻松工作。如华为将每天下午三点半定为“孕妇时间”，怀孕的女员工可以放下手中的工作，在公司的花园里散步放松；会定期安排那些在前线竞争投标、进行高强度作业的员工到海滨度假，帮助他们实现工作生活的平衡。

最后，建立公司内部交流网站，也是实现轻松幽默环境的重要手段。我们可以设置一个幽默笑话栏目方便员工在网站上交流，幽默来源于“民间”，交流网站将会提供一个平台展示企业的幽默文化。网站不仅可以作为工作压力宣泄的出口，而且能够丰富员工的业余生活。

心情愉快时，员工的创造力更强。因此，为员工创造幽默的工作环境，不仅可以缓解员工的工作压力，增加工作兴趣，同时还可以发挥员工的聪明才智，提高工作效率。

2 政府幽默减压

一份由中国传媒大学网络舆情（口碑）研究所发布的《2009 年中国网络舆情指数年度报告》显示，网民话题关注度由高到低依次为：腐败问题、房价问题、就业问题、户籍制度、养老保险、食品安全、医疗保险、交通安全。政府和相关部门面对的舆论压力不小，那么政府的压力究竟有哪些，怎么缓解或解决这些压力呢？

2.1 政府压力与应对方法

我国政府正逐步由生产建设型的全能政府向公共服务型的责任政府转变，政府的执政能力以及维护公众利益不受侵害的能力亟待提高，政府面临巨大的压力，分析并解决这些压力极具现实性和紧迫性。

2.1.1 政府压力

政府压力可以从以下四个方面进行分析：

（1）资源环境压力。在经济发展过程中，当对资源的需求量大于资源供给量达到一定程度时，就会对经济发展速度和水平产生影响，同时影响环境变化，形成政府压力。比如，随着城市化进程的加快，城市人口数量急剧增大，很多城市都不同程度地存在着城市用水供应不足的问题。这将促使城市管理者采用相关的水循环利用的技术和措施。

（2）上级政府压力。上级政府压力是指在行政级别上高于地方政府的上一级政府对地方政府所在职责范围内提出具体的考察指标，当这种指标要求对作为区域管理者的地方政府产生压力效应时，就形成了上级政府压力。例如，对地方政府而言，上一级政府为其制定的“节能减排”指标就是一种压力因素。

（3）公共需求压力。我国现在处于从一般温饱型社会向发展型社会转变的重要时期，也是社会利益关系及公共需求深刻变化的关键时期。经济的转轨已使我国的公共需求发生了五大深刻变化[7]：第一，公众希望缩小收入差距，实行社会再分配；第二，义务教育、公共医疗等公共需求比以往更迫切；第三，就业和社会保障已成为我国经济社会转型时期重要的公共需求；第四，公共安全越来越受到重视；第五，随着利益关系的变化，合理的、正当的利益表达和利益诉求开始成为广大社会成员的公共需求。政府承担着拓宽利益诉求和表达的正常渠道的重任，需要建立不同利益群体的利益表达机制以及依法协调利益关系。

（4）同级政府压力。同级政府压力是指处于相同层级的地方政府在相互进行比较时，如果某一个方面的水平比其他政府较弱，较弱势的地方政府就会在这一方面产生压力感。例如，从资源环境方面来看，若是地区政府同时致力于改进地区环境状况，那么对能源消耗和污染排放水平状况会有相互比较，这就构成了同级政府改善环境的压力；同级地区政府管辖范围内，地区经济发展水平的差异也会使处于劣势一方的地方政府产生压力感。

分析这些压力因素的作用及大小，能够为政府提供决策过程的理论支持，进一步推进经济和环境等方面的发展。

2.1.2 应对方法

政府面临压力也会显出被动和无奈，其基本原因在于方法，也在于观念。随着一些公共事件“舆论围观”的升级，公众寻求真相的能力大大提高。政府应该尊重民意，公开信息，建立国家和社会之间的信任，以适应新形势。

第一，政府应该提高公信度，致力于满足公共需求，解决公共事件带来的不良影响。

第二，政府应该积极发展促进民生大计的政策，促进经济的发展和繁荣。

第三，提高政府应对危机的能力，积极完善现有政策。

第四，提高政府官员的办事能力，培养温和宽厚的态度，致力于建立政府的积极形象。

第五，提高应对媒体的能力。媒体在现代社会的地位日益提升，政府要借助媒体来处理国内事务或推动国际外交。

面对压力，轻松解决压力是政府最迫切的想法，政府要以认真的态度及温和的方式对待。

2.2 幽默应对政府压力

与百姓和谐相处，不仅不会降低政府的威信，反而会增加政府的亲和力。因此，政府要提倡民主、平等和尊重。幽默通常能以意外轻松的方式解决问题，应该为政府所用。

2.2.1 变“官本位”为“以人为本”

许多人认为，外国官员特别是欧美某些国家的高官很幽默，说起话来妙语连珠，表情也轻松滑稽，而中国官员缺少幽默感，说起话来正襟危坐，句句斟酌，表情凝重。中国是一个“官本位”的国家，以“官”定价值，“官”是权力的象征，代表着财富和地位。“官本位”文化充斥着社会生活的各个角落，拉开了官员与百姓的距离，使民众与政府形成了“势不两立”的对峙。“官本位”文化对中国的发展贻害至深，与国家的繁荣富强以及民族的文明进步是不能并存的。

我们想要与世界接轨，就要重塑官员形象，而幽默是亲民最好的工具。西方的政治家与我们恰好相反，要竭尽全力来表现“我是一个兵，来自老百姓”，西方官员的幽默感是值得我们学习的。英国首相布莱尔生了儿子后在唐宁街10号门前照相，虽显得有点局促不安，但中年男女都说“这个年龄抱孩子，就是这模样”；俄罗斯总统普京与全球网民聊天时笑着说“第一次做爱的时间我记不清楚了，但是我记得最近一次做爱的时间，甚至可以准确到分钟”，这让全球的人觉得他蛮可爱而不是可怕。

中国官员们大都把自己裹得严严实实，从政过程中极具人性光泽的片断，处理危难时所表现出的灵感智慧，遭遇挫折时承受的心灵磨难，都被官帽遮住了，民众对政府永远是敬而远之的。“以人为本”就是要从人性化的角度出发，重视人的发展，恢复人的根本。笑是人的天性，政府要充分尊重这种天性，让人们“笑口常开”，过健康快乐的生活。“以人为本”要以人们的利益为重，围绕激发和调动人的主动性、积极性和创造性展开，实现人与企业共同发展。幽默管理能够激发人的创造性，让人思维活跃，能够发挥人们的积极性和主观能动性，为社会创造财富。因此，政府官员要实现“以人为本”，幽默管理。

亲民的政府能赢取民心，作为全国唯一一个覆盖全国的互联网官民互动平台，人民网（http：//www. people. com. cn/）开通了“地方领导留言板”，关心民生、民情的人积极提出各种意见和建议，党政官员对留言进行公开回复。“为政，通下情为急。”地方政府官员、政府能从中找到服务人民群众的启发和诉求，倾听民意，当群众的贴心人，是政府赢取民心的一个平台。

事实上，幽默感是衡量一位官员能力、品位和政治生命力的一杆无形的“秤”。幽默感是自信心和独立人格的表现，只有富有想象力和创造力的官员才能为民办事。我们要倡导抵制“官本位”文化，杜绝金钱和权力的腐蚀，拉近百姓与政府的距离。以人为本，改善官员形象的最好切入点，就是从共同的兴趣和利益出发。政府官员要根据民众的特点和所涉及的问题，设计谈话和做事的角度，有的放矢。交流要有幽默感、人情味和故事性，最好能用含有人情味的故事作为开场白，说个笑话或开个玩笑，态度积极诚恳。

2.2.2 向美国总统学习

在美国历史上曾诞生了许多有影响力的总统，他们的机智幽默在他们的政治生涯中体现得淋漓尽致，被全世界人民广为传诵。

美国轻松的文化氛围哺育了美国总统独特的幽默性情，无论是颁奖、剪彩、揭幕、祝酒，还是竞选、签署法案、迎送告别，无论是面对天真烂漫的学生、德高望重的老人、满腹经纶的学者，还是面对耀眼的影星、球星或挑剔的记者，美国的总统们总能凭借着娴熟的语言技巧一语解颐，不失时机地“幽上一默”。幽默，作为对现实生活的反映，带有美国历史沿革、政治变迁、社会发展和演说者本人的印记。

以幽默解困，能够展示官员的豁达心胸，一定会赢得更多的掌声。幽默是从政的一大学问，运用得宜，能够化解很多难题。心胸开阔、思维开放、思想多元化、笑话库存的累积都会使你更有效地培养幽默感。

1980年，与在任总统卡特角逐总统宝座期间，里根公开讲话时错把“经济衰退”与“经济萧条”两个名词混淆了。他原本想说卡特带来“衰退”，却说成了“萧条”。

经济学家都知道这两个名词有严格的界定和区分，后者要比前者严重得多。记者都准备对他的疏忽（或无知）大加炒作，连他的演讲撰稿人格林斯潘（即前联邦储备局局长）也慌忙与他划清界限，说这是里根临时加上去的，以求自保，避免危及自己专业经济学家的形象。不料里根却能及时补救，幽默地解释："如果卡特一定要拿到定义，我可以这么给他下：你的邻居失业叫衰退，你自己失业叫萧条，而卡特的失业——则叫复苏。"[8]

面对突如其来的问题或危机，幽默感是表现出政治人物冷静从容的最好方法，"泰山崩于前而色不变"最能体现一个人或一个组织的睿智。

里根在参观秦兵马俑博物馆时，已经走到门口的他回头很自然地挥了一下手，然后很自然地说："解散！"这种极为潇洒轻松的幽默与中国官员严肃的、职业性的微笑有实质性的不同。幽默让政府官员有了轻松的工作方式，从而能够造成意外的幽默效果。

而在中国，官场上几乎是不能幽默，也不敢幽默的，谨慎、矜持是做官的诀窍。中国其实并不是一个缺乏幽默感的国家。国人的幽默在出租汽车司机的口中，在胡同口打牌的普通市民堆里，在村庄街头晚饭后闲聊的人们中间，在同学、网友聚会的酒桌上，却很少出现在官方的正式场合中。

柯立芝刚当上副总统时，收到一位华盛顿居民的请柬。他叫来秘书，询问那个送请柬的人的情况。

秘书也不了解那个人，便拿出《社会名人》手册查起来。但是查了好久，还是一无所获。

柯立芝看到秘书乱忙一气而没有找到，便微笑着对他说："别查那玩意儿。我的名字还是半小时前才填上去的，那个人恐怕还要等些时候。"[9]

一个官员，只要他公正、诚恳，只要他认为自己在这个社会中只是个服务的角色、人民的公仆，他就一定能轻松幽默得起来。幽默感是自信和独立人格的表现，政府官员要向美国总统学习，诚恳幽默，充分调动民众的幽默感。

一个风雨交加的早晨，华盛顿身着雨衣在阵地上巡查，看到几个士兵在一位军官的指挥下正在往防御工事上架一根木头，可是怎么也架不上去。华盛顿问那位军官："你为什么不帮他们一把呢？"军官很傲慢地看了他一眼，说："我是上尉，是负责指挥他们的。"说完，还拉开外衣，露出里面的上尉军衔，神气十足。

华盛顿没有作声，挽起袖子与士兵们一起，终于把木头架上了防御工事。然后对那位军官说："当军官在遇到刚刚那样的情况时，应该动动手。如果我也认为我是军官就不动手，说不定现在就没法完成任务。"

上尉很奇怪："你也是军官？"

华盛顿："是的，你猜我是什么军衔？"

"顶多不过是一个少尉。"

"不，还要高些。"

"那就是中尉了。"

"不，还要高些。"

"你也是上尉？"

"不，还要高些。"

这时，上尉有些吃惊了，马上站起来向华盛顿敬礼："少校，对不起！"

华盛顿一边还礼，一边说："不，比少校还要高些。"

上尉不敢坐下了，恭恭敬敬地立正说："中校，请原谅，我不认识你。"

"不，比中校还要高些。"

"上校……"上尉只叫了一声，就不知道下面该如何说了。

"不，还要高些。"

这时，上尉惊呆了，连"将军"都叫不出来了。华盛顿则轻松地说："我就是你们的总司令。"那位上尉目瞪口呆，竟然忘记喊"立正，敬礼！"的口号了。[9]

同样，现年45岁的奥巴马也极具魅力，灿烂的笑容更是虏获了许多民众的心，他对公众极为真诚，这是值得我国很多政府官员借鉴的。幽默以其轻松的方式使人放松警惕，但是幽默的动机是严肃的，官员使用幽默显然不能忘记幽默的目的，要真诚对待公众，才能赢取民心。

2.2.3　会议幽默

会议讲话是政府官员，特别是政治官员必须具备的一种能力和技巧，也是他们日常工作中经常面对的一种挑战。中国在过去30多年的发展进程中，经历了经济、社会、文化、政治等各个方面的变革，政府的施政理念和施政方式也在经历深刻的转变。这些变革带来一个新领域，政府官员要改变观念，与时俱进，首先必须从会议上得到信息，政府会议是信息传播的主题形式。我们需要有一种“表达机制”，使各级官员参与到工作会议的探讨中来，制造一种气氛。严肃而紧张的气氛给人以压抑的感觉，轻松的气氛才能让人充分放松，积极思考，会议才能集思广益，达到完美和理想的效果。

幽默是制造轻松的气氛的能手。政府官员要学习在会议上使用幽默来表达自己的想法。这种“表达机制”应该至少包括以下三个方面的内容：

首先是传播观念。会议的目的主要是为了讨论、交流和沟通，而不是官僚式的发号施令。会议发言一定要使大家有想法说出来交流，偶尔使用幽默则能调动大家的思维和情绪。幽默的解释会让与会听众更容易、更轻松地理解传达的信息。

继苏共二十大以后，赫鲁晓夫在不同的场合多次指责斯大林的错误。在一次积极分子会议上，听众中有一个人给他递了张纸条：“当时你在哪里？你们这些政治局委员竟然允许他犯下如此严重的错误！”

“这张纸条是谁写的，站出来！”赫鲁晓夫怒吼道。会议厅内一片极度不安的寂静，没有人敢动弹一下。接着，赫鲁晓夫轻声说：“当时我就站在你现在呆的地方，现在你该明白为什么了吧？”[9]

其次是程序手段。会议成员之间最重要的是了解、尊重、熟悉各种媒体的运用方式，掌握各种媒体的使用对会议是有很大帮助的。幽默的使用能让与会者有更多的时间和精力，以更完美的方式表达自己的思想，为政府建立良好的形象。

再次是表达技巧的锻炼。政府官员要在逻辑、修辞、答问能力以及反应速度等方面做必要训练，良好的表达、风度，甚至是个人魅力都将为政府形象增添色彩。

幽默是一种有效的手段，不仅能显示个人的魅力，对代表政府官员建立政府形象更是个有效的工具。听众不会因为会议上使用幽默而觉得会议不正式或是不严肃，相反，幽默在会议上的使用会使听众耳目一新，打破沉闷气氛。

2.2.4 幽默应对媒体

在媒体事件时代，媒体在政府和公众之间担任了重要的中介角色，应对媒体是政府管理社会事务的重要方面。在中国，与媒体事件频发呈现出鲜明对比的是政府官员应对媒体能力上的欠缺。政府在面对媒体时甚至缺乏公信力，木讷严肃的言辞让政府的形象一再受到破坏。在一些重大媒体事件中，由于政府和官员应对媒体不当，给我们留下了深刻的教训。

当今时代，处理媒体关系，已经从原来的通过个人的聪明才智就能驾驭的一门艺术，变成需要训练有素的专业人员来把握的一门科学。用严肃的态度对待，用轻松的方式解决，这就是幽默应对媒体的精髓。

苏联著名外交家莫洛托夫很善于在外交场合应付突然发生的状况。在一次联合国大会上，英国工党的一位外交官向他发难，说："你是贵族出身，我家祖辈都是矿工，我们两个究竟谁能代表工人阶级呢?"

莫洛托夫面对挑衅，不慌不忙地说："你说得对，我出身贵族，你出身工人。不过，我们两个都当了叛徒。"[9]

媒体是政府进行公共管理的重要载体和平台，幽默可以帮助政府官员轻松进行公共管理。政府重在策划，可借媒体之力推进政务公开，让公众更多地了解和参与。

首先，幽默能有效督促和辅导媒体做好舆论监督，帮助推动权力阳光运行。其次，政府需要借媒体之力做好政府决策调查，利用媒体进行幽默对话，能够广泛吸纳社情民意，让公众有兴趣通过媒体诉诸政府，从而推动政府决策的科学化、民主化。最后，政府可借媒体之力做好政府形象塑造，幽默可以协助政府塑造一个有亲和力且有影响力和公信力的形象。

政府要主动引导媒体，可借助幽默来设计议程计划，主动吸引记者，引导媒体报道的注意力，把信息主动“喂”给记者，表达政府的立场和主张，要防止信息不对称引发炒作，从而把握事件的舆论导向，营造宽松的政务环境。

第二轮中美战略与经济对话圆满落幕。在严肃议题对话之外，篮球外交、家族话题、公关意识成为拉近中国、美国、媒体三方的重要切入点。中国国务委员戴秉国对媒体称：“除了没有讨论上月球，我们谈了很多问题。”

此次中美双方在对话期间，中国始终与媒体保持密切联系，经过充分准备的媒体招待会，让中外媒体刮目相看。官员的“快”和“勤”，让所有记者迅速取得中国版的成果说明。中国对媒体公关意识的表现，给各家媒体都留下了深刻印象。

闭幕式上，王岐山就风趣地向记者称，这次对话“经过你们的发散和宣扬，包括猜测和评析，应该说传遍了全球”。他的这番言论不仅引起全场一片笑声，也显示中国在媒体公关方面，已相当得心应手。

政府既要用幽默应对媒体，更要加强与媒体的合作，把幽默交流作为一种方式，建立起与媒体的沟通机制。相互理解和合作，才能谋求双赢，因此政府要培养官员的幽默感和使用幽默的能力。同时，政府要有幽默的宽容精神和服务意识，学会宽容舆论，支持舆论监督。

2.2.5 幽默应对危机

做好危机应对工作，才能保证社会的平稳和快速发展，幽默能够很好地帮助政府解决危机压力。以冷对热、以静制动是应对危机的第一原则。危机会使人们处于焦躁或恐惧之中。政府应以静制动，镇定自若，以减轻公众的心理压力。

幽默能够让公众看到政府的平和，给公众定心丸，从而表现出高效率的解决问题的能力。众人拾柴火焰高，有亲和力、民主的政府才具有较强的公信力和影响力，才能携手公众共同对付危机，控制事态的恶化。

在加拿大温哥华冬奥会闭幕式上，加拿大人直面失误的坦然和化解危机的高超艺术，还有其民族性格中的幽默与友好，堪称危机化解的典范。

四根温哥华冬奥圣火火炬在开幕式上竟然有一根没有竖立起来，使得冬奥会不是那么完美。然而在闭幕式面对全球30多亿的电视观众时，冬奥组委会用一位装扮成小丑的电工蹦跳着来到现场检查火炬并找到故障原因，最终巨大的火炬从地下拉了起来并被点燃，开幕式上的瑕疵被大大地淡化了。

每一个举办奥运会的国家都想通过奥林匹克运动会这一全球瞩目的载体向全世界彰显其民族精神，从此角度来看，温哥华冬奥会的危机处理确实非常高超，化危机为机遇，向全世界展示了加拿大人的坦诚和幽默。

但是，政府的幽默感需要一个微妙的自由空间才能得以发挥。今天的中国，言论有了相对的自由，但也不是那么多、那么充分，发挥幽默的时候务必注意场合。2009 年，某市税务局官员在回答“污水问题为何长年未解决”的采访问题时，表示“经济越发达的地区，水越黑”。姑且不把这个问题作为政治问题批判，此官员肯定幽默细胞不够，没有注意场合，拿民生疾苦来调笑，触碰了底线。这样的幽默对我们来说未免有点“奢侈”，所以大家理所当然地把这理解成为幽默之外的东西也是正常的。

2.2.6　幽默环境支持

政府作为一个组织，要正视其所面临的压力，并尝试用幽默解决。适当运用幽默能够使工作场所变得轻松，每年各级政府都要组织个人运动项目，如球类运动、跑步、游泳、节能日走路等，帮助工作人员减压，幽默也能够参与到减压方法的行列。

幽默在政府治理上开始发挥作用，政府部门在某些场合使用幽默应对，收到了一定的效果。在中国台湾地区，政客们已经开始将幽默作为一个评判标准，台湾政客来大陆演讲也多以幽默开场。有些部门还邀请幽默专家或学者来作讲座，开展幽默交流活动和培训。

2008年，台中市长胡志强在厦门大学的演讲开场：“各位给我的接待，让我有回家的感觉，一个人回家以后做的第一件事情是什么，你们晓不晓得？”他一边说，一边脱去西装外套，扔在了讲台一边。然后又对现场的记者说：“不要拍了，我不会再脱了。”随后，胡志强用幽默的对比点出了他演讲的主题：“台北，(那时候）马英九是市长，比我漂亮得多；高雄，我觉得他市长比我sexy，比我性感。好，我往北没有你漂亮，往南没有你性感，我就发展气质，对不对？所以台中市用文化定位。”

日本有培养官员说“单口相声”的先例，促进了官员与民众之间的交流。为了缓解内部官员的压力，他们还采用诸如建立发泄室，设置类似“开心委员会”的机构等方法优化办公条件，都收到了令人满意的效果。上述这些方法都是可以效仿的，值得我国政府借鉴。

在网络时代，政府还可以设置网站用幽默化的宣传传达政府的指令和信息，或对公众进行幽默答疑，或制作轻松谈话节目等。政府幽默正是政府从容、智慧的品格与气质的体现。

广西壮族自治区公路管理局网站面对网友五花八门甚至稀奇古怪的问题，管理员没有置之不理，不仅有问必答，而且语言通俗易懂、幽默风趣、没有官腔，尽自己的能力去解决网友的困惑。

比如，网友问：“国道×线×公路没有正式验收就被大车压成了波浪，坑深得可以养鱼。如果没人来管的话，我可以在那儿养我家小白（一条小泥鳅）了！”

管理员答：“该工程于2009年12月通过交工验收，需要等一年后才能竣工验收。期间该路段如有相关工程问题，建设方要进行修复。你可以用‘佳能’将路况拍下来，让我们也看看，也让建设方感到压力。小白让它和小蝌蚪去找妈妈好了。都是超载超限惹的祸！”

这个被网友称为“最幽默但又最认真”的政府网站，就是政府使用幽默的一大进步。

公共治理也不妨改改以往冷冰冰、硬邦邦的老面孔，在提倡戒烟、节能等的标语或是公益广告中，多一些幽默，多一些温情，就多一份尊重。幽默治理，有意识地学会一点从容的气度、感知幽默的能力，这是政府应有的品格，也是公共治理和社会生活及国民成熟自信的体现。

2.2.7 非正式场合的幽默

在正式的交际场合，如果某个较为严肃、敏感的问题弄得交谈双方都很对立，甚至阻碍交谈顺利进行时，我们可以暂时让它回避一下。在非正式场合放松心态，通过转移话题，用一些轻松、愉快的话题来活跃气氛，转移双方的注意力，通过幽默的话语将严肃的话题淡化，使原来僵持的场面重新活跃起来，从而缓和尴尬的局面。

中国的美食是世界闻名的，中国人习惯在餐桌上议事办事，面对美味佳肴或是粗茶薄酒，若能机智地“幽”上一“默”，不仅妙趣横生，而且更有利于交流，有利于活跃气氛。但是，餐桌上的幽默也要做到审时度势，才能准确把握对方心理，使对方了解自己的立场和观点。

在庆祝会上，双方的总经理频频祝酒。一方的公关部主任站起来，对双方的合作作了一番令人叫绝的介绍：“我们两家公司，一家在河南，一家在海南，可以说是‘南南合作’。各位知道，国际上的‘南南合作’是世界经济发展的共同体。我们两家公司的‘南南合作’，是联谊发展的姐妹连体。我们南南相助、南南相连、南南相合。现在，我可以告诉各位，我们这种秦晋之好的合作已经取得了丰硕的成果。今天正好是七月七，喜鹊已经把天桥架通，愿我们天天都在七月七中度过。”[10]

南南合作、秦晋之好、七月七的典故，生动地描述了这一次合作的美好与默契，并预测了发展的愉快前景，这种比喻产生的幽默自然得体，天衣无缝，为合作平添了几分乐趣。

实际上，对某一问题的看法本身常常并不是固定不变的常数，随着环境的变化和角度的转移，不同乃至对立的看法可能都是合理和正确的。幽默是改变这一变数的一个重要工具，能让人看到幽默所代表的智慧与魅力，帮助分歧双方换一个角度来看待争执点，灵活地分析问题。

幽默能在非正式活动中使人免于陷入窘境，为整个局面化解尴尬和难堪。四两拨千斤的智慧比无谓的解释要好用得多，幽默的话语会让争议的双方平和心理和情绪。总之，能让人平和交流的幽默感，是政府官员，乃至政府本身的修养体现。民间语言可以幽默，谁说政府就非得严肃得像个老学究，只要有益，幽默一下又何妨？

3　学校幽默减压

随着社会文化水平的提高，学校的压力也越来越大，同时幽默文化传播和幽默教育越来越受到重视，幽默教育必须从下一代和青少年一代抓起。如何在校园开展幽默教育来减少学校的压力，已经成为大中小学校的一个新课题。

3.1　学校压力与应对方法

当前，在学校这个组织里面，“压力”也成了一个“时髦”的词，我们对中小学和高校的压力也要有清醒的认识。

3.1.1　学校压力

学校压力主要从四个方面解读：教学质量、品德和安全教育、师生健康以及科研压力。

(1) 教学质量压力。

教学质量主要从教师素质和教学理念两个方面进行评价。当前我国教育正在积极推动教学改革，努力倡导教育革新。学校在教学治理方面的压力主要有以下三个方面：

第一，师资队伍建设压力。学校以学生培养为主体，要提高优秀生比率和升学率，加强师资队伍建设将是一项需要不断投入的任务。

第二，教学设施整合压力。学校硬件设施是教学辅助不可缺少的条件，关系到教育效果的转化程度，所以学校必须不断更新教学设施。

第三，学校领导自身思想素质和管理能力的提升压力。学校领导者的思想素质和管理能力关系到学校的治理状况和教学质量。随着学校之间升学率、高分比等方面竞争的增加，领导者的素质和管理能力也受到很大的挑战。

（2）品德和安全教育压力。

德育是学校实施素质教育的重要组成部分，它贯穿于学校教育教学的全过程和学生日常生活的各个方面，对学生健康成长和学校工作起着导向、动力和保证的作用。学校在有效加强师德建设方面有很大的压力，对师德的定量考核也为学校出了一大难题。如何提高教师的德育理论水平是学校的压力来源之一。

安全教育是学校教育的另一重要部分，尤其是在学生安全防范意识不强的中小学学校。首先，安全知识的宣讲教育不能松懈，要规范制度，落实好各种措施。其次，学校在保持敏锐的直觉上需要不断加强，对一些苗头性现象及时加以教育，杜绝学生违法犯罪现象。再次，要保持通畅的社会联系网络，以学生的安全为重。这些方面的事务要求学校时时刻刻提高警惕，不能有一点松懈。

（3）师生健康压力。

2006 年的《中国教师职业压力和心理健康调查》显示，中国教师生存压力堪忧，80% 以上的被接受调查教师压力大，半数教师心理健康状况不佳。教育所受到的高度关注也是教师压力的来源之一。74.5% 的教师面对各方面不断增加的要求感到无所适从，91.6% 的教师认同“社会对教师的要求高于常人，使教师感到压力”。由于职业的特殊性，教师群体的压力还在逐渐增大。大学教师为职位和地位抗争，中学教师在升学率这座大山的重压下干活，小学教师干教师的活体会保姆的累，教师行业的堪忧，造成了学校极大的压力。

在应试教育的体制下，学生在考试和升学压力下，学业不堪重负，身心健康受到严重影响。目前，失眠、烦躁、郁闷等不良情绪和心理在我们的学生中普遍存在，从幼儿园到大学，学生的近视越来越严重，很多同学的身体素质越来越差，思想负担越来越重。

（4）科研压力。

中小学科研压力主要表现在：中小学科研原创能力不强，科学化水平不高；科研的实际效果低下，教育教学实践的指导和先导作用没有充分发挥出来；科研压力与教学质量可能难以两全。另外，中小学科研信度和效度不高，有急功近利的倾向，甚至科研经费浪费严重，为评职称刻意生产论文。这些都是中小学科研压力。

而高校的科研主要是为了获得专业上的突破，形成新的生产工艺和方法或是某个未知领域的突破。高校科研要经过严格论证，经得起推敲和考证，尤其要注意研究的集中性和原创性。高校对科研的成果也十分考究，因为这是评判一个学校学术水平的重要标准之一，形成了高校的一大压力源。

3.1.2　应对方法

学校不仅是学习知识的地方，也是引发学习的地方，更是学生成长的地方。学校要积极改善面临的压力状况。

第一，学校要高度重视教师的可持续发展。教师是教学和科研的关键，学校要加强教师考核机制，完善教师培训制度。

第二，要加强教学的协同性，积极推进师生之间的互动性和对教学的主动性，审时度势，运用竞争、选择和共存的机制，消除人才培养的“滞后性”，为社会提供“满意产品”。

第三，重视心理健康教育。组织教师参加暑期心理辅导班的培训，组织教师对学生实施针对性的心理辅导。成立未成年人心理健康辅导站，为未成年人提供心理援助。

第四，开展符合学生身心特点、学生乐意参与的特色活动，打破灌输式、说教式的传统教育模式。愉快教学，寓教于乐，把学校变成乐土。

3.2　幽默应对学校压力

教育是一门科学，也是一门艺术，需要遵循一定的教育、教学规律和学生的身心发展规律。幽默作为一种重要的艺术风格，已在教学理论研究和实践中初露端倪。

3.2.1　快乐教学

毫无疑问，经常使用幽默能够让教学效果更好。幽默可以开发大脑智慧，启发思维的活跃性。幽默能够让学生的学习变得更容易，让课堂变得更生动。研究表明，教学幽默至少有七个方面的教学功能[11]：①激发学习兴趣；②消除教学疲劳；③活跃课堂气氛；④深化知识理解；⑤和谐师生关系；⑥发展学生能力；⑦优化学生个性。教学幽默有助于增强学生学习动机，提高学习能力和创造性，这些作用已经得到了证实。

课堂气氛是影响教学艺术效果的一种非理性因素，也是构成课堂教学艺术情境的重要组成部分。幽默能减少课堂上的紧张，创造出轻松的学习气氛[12]。

老师正在给学生讲血液循环理论。为了把问题讲得生动，他说："孩子们，如果我倒立的话，血液就会流到头部，我的脸就会发红，对吗?"

"对。"孩子们齐声答道。

老师继续说："当我头朝上直立时，血液为什么不流到脚里使脚发红呢?"

"因为你的脚不是空的。"一位学生很受启发地说。[13]

教学幽默具有蕴涵性，有助于学生对知识的巩固和提高。寓庄于谐，使人更容易理解和接受，提高教学效果，正是幽默教学的本质属性。幽默能集中人的领悟能力、分析能力和探索能力，使学生的学习内化，加强学习的主动性。

幽默是吸引学生学习的重要工具之一。幽默和微笑提供了一个优秀的教育平台，创造了学习的发展。学生喜欢轻松的表达方式而不是干巴巴的严肃讲解。幽默和微笑能让人感觉到人性之光，让人产生舒适感，让人相互理解并放下戒备。一个简单的解释、一句别出心裁的话语，就能创造出这种氛围。

即兴发挥往往能迅速集中学生的精力，使学生关注到老师的表演。幽默能促进师生关系融洽，使师生相互了解，建立一个更好的教育氛围。幽默能让每一个人都乐于参与，乐于分享。

雌雄能辨

老师带来一只花猫，学生问："这只猫是猫爸爸还是猫妈妈?"

老师也不知道是什么，正在想如何回答才好，学生自己作出了判断："老师，我已经知道了，这只猫肯定是猫爸爸。"

老师非常惊讶："你是怎么判断出来的?"

“很简单，我刚刚使劲拧了它一下，可是他不动也不哭。”[14]

在网络蹿红的今天，网络语言这种新鲜事物是不可抵挡的。网络语言的确有自己的缺点，不严密，不够高雅，但它在不断地产生和更新之中，我们必然要面对。曾有一个老师批改学生的作文，觉得写得不错，就批上了“有品”二字。学生很高兴，觉得老师跟他们使用的是相同的语言。它符合青少年的语言特点，如果不能杜绝，倒不如加以引导。适当使用幽默语言可以表现出教师的幽默，可以刺激交流，使传统的、严肃的教学课堂变得愉悦。学校要组织老师加强对网络技术的学习，网络文化建设的参与，要对网络、网络语言有一个全面的认识。只有这样，才会在与学生交流时，不至于一惊一乍、束手无策。

3.2.2 幽默学选修课

幽默学选修课主要包括幽默心理学、幽默与健康、幽默文学、喜剧技巧、幽默逻辑、幽默演练、幽默文化等相关课程。通过学习和训练，使学生对幽默有全方位的了解，从而培养和增强幽默感，学会幽默，运用幽默，感受幽默快乐，从而促进学生身心健康。

十多年来，西方一些高校已开设了幽默学课程，如西安大略大学由马丁教授开设了“幽默心理学”。我国部分高校也开设了幽默学选修课，如辽宁大学和河南工业大学开设了“幽默心理学”，同时在部分课程里强调了幽默的技巧的重要性；暨南大学开设了“幽默修辞学”，旨在加强学生的语言文字功底，领略幽默语言的魅力，提高驾驭幽默修辞的能力，促进身心健康，增强就业的竞争力和人际关系的亲和力。这些课程都受到学生的欢迎，解开了学生对幽默和笑的现象的迷惑和好奇。

中小学因受应试教育的影响，幽默课程的开设比较罕见，但是在高校，幽默工作坊和讲座的开设空间还很大。幽默涉及多个学科，集众家所长于一身。这些工作坊和讲座的开设提高了学生对幽默和笑的价值的认识，有效提高了学生的欣赏能力和创造力，对学生的身心成长产生了极大的推动作用。

3.2.3 课外幽默活动

课外幽默活动也作为对课堂严肃紧张的教学的一个补充，逐渐得到了社会的认可和支持。课外幽默活动有助于学生获得体力上的充电，舒展身心，达到心理保健的目的。正如毛泽东主席所说：“严肃紧张、轻松活泼。”

学生接受幽默的感染和熏陶，能够提高审美修养和艺术修养，从而全面提高素质和能力，优化学生的个人品质。即使是缺乏幽默使用能力的同学，也可以通过欣赏幽默事件、幽默影视、图片、笑话等，消除学习、生活以及人际关系紧张带来的压力，达到愉悦身心的目的。

被炸伤的化学老师江森被送进了医院，经过抢救转危为安。护士把他送进病房安顿好。

“是汽车撞伤的吗？”病友关切地问。

“不是。哎，全怪化学教科书上元素符号印错了。”[15]

学校要提供给学生充分的课外活动空间，使学生养成良好的生活习惯。幽默和微笑都来源于生活，组织学生参加各种体育运动，创办各种兴趣团队，让学生在活动的过程中充分体现自己的价值，快乐参与，能让人有更积极健康的心态。开心与轻松，让学生获得关于责任、集体、爱心、勇气的精神滋养，以乐观的态度面对困难。

师生的交流不仅限于课堂，更多的是在课外。通常情况下，严肃的思想交流反而不能起到指引学生的作用，贴近生活的表达更能引起人的共鸣和思考。“亲其师，信其道。”学校要着力提高教师的教学幽默艺术水平，使教师富有幽默感。幽默是智慧的结晶，是健全的理性和浓厚修养的产物，是一种达观而敏锐、超拔而挚诚、直率而坦然的人生态度，所以养成大度、宽松、乐观的心态至关重要，这样的老师才会引导学生。

幽默感可以使沟通气氛融洽，信息的互动更流畅，但不要流于耍嘴皮，不分场合、不顾轻重。让沟通带点笑声，懂得调侃自己、搜集笑点，使学生拥有开放的胸襟、敏锐的观察力和创造力。

确立幽默理念，发展幽默素质，开发幽默成果，是学校缓解教学科研压力、资源压力、师生心理健康压力的重要工具。未来的教育事业将会回归自然的本质，而幽默无疑就是这种本质的体现。

3.2.4 幽默环境支持

学校要提倡幽默教学，让幽默成为师生管理的润滑剂，幽默环境的支持十分重要。

首先，要幽默领导。教师的工作比其他一般的职业有着更大的精神压力，这会直接影响到工作质量。若能在工作中遇到幽默的领导，在轻松愉快的氛围中工作，压力自然就会得到缓解，工作上也会更加得心应手。幽默管理是管理人性化的一个重要表征。如果领导缺乏幽默感，就会筑起一道教师与学校互不理解的高墙：领导不理解教师，教师也难理解学校。

其次，要重视培养教师的幽默素养，积极关注教职工的心态动向，培养幽默达观的开朗气质。教师是否具有幽默素质是幽默教学实施成功与否的关键。如何提高教师的幽默素质、掌握教学幽默技法以及掌握教学幽默的时机等三个方面将是幽默教学努力的方向。

再次，要营造学校的幽默氛围，必须采取一些实际措施。学校的图书馆、校园网站、BBS等都是师生经常光顾的地方，给予适当的幽默教育宣传，将会起到事半功倍的效果。此外，校报校刊的举办和学生活动的策划都能对减轻师生压力、愉悦身心起到积极的作用，为师生练好幽默本领而准备。

2006年，济南市第一个幽默艺术学校——中国曲协幽默艺术学校成立了。该校充分发挥了教育资源的优势，开展曲艺特色教育，极大地丰富和提高了学生的民族艺术素质。锻炼了嘴皮子功夫，孩子们的嘴练得“溜”了，脑子也快了，对他们的学习很有帮助。

中小学的幽默教育尤其重要，学生的学习能力和创造能力应该从小培养。给孩子以轻松的幽默教育环境，不仅有助于学习能力和创造能力的提高，而且还能给孩子一个快乐的童年。学校要提供机会给学生展现自己的生活幽默，为学生提供展现创新才能的舞台。

最后，要充分借助新生事物引导学生的幽默感培养。随着互联网的发展，一些校园网站已不再是单调乏味的版面设计和资讯的版面设计，开始向动漫化和幽默化版面改造。更有部分网站加入好笑的图片或者文字说明，收集一些贴近学生生活的幽默笑话、图片和视频作为专门的幽默笑话栏目供欣赏和交流，或是与知名幽默与笑话网站链接。网站将是幽默教育一个重要的展示平台。

幽默教育是一种新的理念，苏联教育家斯维特洛夫指出：“教育家最主要的，也是第一的助手是幽默。”挥洒自如、淋漓尽致、充满情趣的自然与和谐，正是幽默教育所要达到的最高境界。

【注释】

[1]［美］菲利普·科特勒，凯文·莱恩·凯特，卢泰宏. 营销管理（第13版，中国版）. 北京：中国人民大学出版社，2009.

[2] 罗丽. 管理者——学习型企业的教练. 人力资源管理，2010（2）.

[3] 陈国海. 领导与幽默的关系研究述评. 南方冶金学院学报，2005（10）.

[4] 陈龙海，杨小良. 企业管理培训幽默全书. 深圳：海天出版社，2005.

[5] 青年文摘杂志社图书部. 欢乐幽谷——幽默与笑话. 北京：中国青年出版社，2008.

[6] 何震. 幽默口才. 福州：海峡文艺出版社，2003.

[7] 迟福林. 公共需求变了，政府压力大了. 社保论坛，2005（11）.

[8] 百度文库. 里根传. http：//wenku. baidu. com/view/9c96bec58bd63186bcebbc51. html，2010－10－17.

[9] 西彤. 世界名人幽默极品. 北京：大众文艺出版社，2003.

[10] 蔡践，冯章. 幽默的魅力. 北京：中国经济出版社，2005.

[11] 丁昭. 中小学教学幽默研究. 河北大学硕士学位论文，2008.

[12] Gilliland H. & Mauritsen H. Humor in the classroom. *Reading Teacher*, 1971（24）.

[13] 吴维根. 校园学子幽默笑话370则. 北京：金盾出版社，2003.

[14] 吕叔春. 酷一族尴尬幽默. 北京：中国档案出版社，2003.

[15] 巫春龙. 笑老还童. 北京：中国时代经济出版社，2002.

第五章　个人幽默减压

压力是恒存的，大到天灾人祸，小到鸡毛蒜皮。你有，我有，大家有。如何化解自己的压力，关系到每个人的切身利益，如果你也有压力，那就提醒自己："今天，你幽默了吗?"

1 公务员如何幽默减压

近年来，由于公务员担当的责任增多，工作负荷重，压力也增大。公务员队伍焦虑、抑郁及心理问题躯体化趋向明显。公务员心理健康水平不但制约着自身素质的提高，还直接影响公共管理水平。

1.1 公务员压力源分析

压力是在自身和环境的共同作用下产生的。公务员压力有其本身的特点，主要来自下面五个方面：

(1) 源自组织制度方面的压力。组织制度压力主要表现为上级领导管理的不规范。我国的管理制度尚不完善，监督机制不健全，导致公务员唯领导马首是瞻，领导的情绪和评价是工作成败的重要衡量标准。过多的限制会使公务员的工作自由度不够，能力得不到应有的发挥，从而产生心理压力。

(2) 源自人际关系方面的压力。政府部门之间关系的错综复杂，工作要面对的办事对象多变，同事之间真诚情感交流的缺乏，构成了公务员人际交往的复杂性。由于工作性质的特殊性，需要接触的人际关系比较复杂，人际关系的紧张与不协调，会导致产生抑郁、焦虑和受挫等不良心理。

(3) 源自角色冲突方面的压力。角色扮演的多重性，如家庭经济收入、子女入学、住房问题等，让公务员在工作之余疲于应付，角色冲突会极快地耗竭情绪资源。作为人民的公仆，社会的义务和责任要求秉公弃私，这往往让公务员在道德抉择上进退两难。

(4) 源自职业发展方面的压力。公务员从事国家和社会的管理活动，个体素质较高，对自身一般是“高标准，严要求”。职业的发展、职务的晋升、发展的前景是公务员需要考虑的问题。但是目前我国干部选任制度还存在一定的缺陷。选拔过程中，不仅要考察思想政治素质、工作能力、文化程度和任职经历，保证干部队伍年轻化、专业化，心理素质水平也应该在考查范围之内。如何实现自己的职业目标、防止知识技能老化，是公务员压力的来源之一。

（5）源自工作环境方面的压力。由于历史问题形成的中国政府组织的官僚化，要求公务员需要遵守的规章制度比其他行业要多得多，阻碍了公务员的个性发展和情感发泄。特别是近几年增加的问责制和越来越严格的绩效考核制，对公务员的个人发展、地位和成就产生了极大的影响。[1]

公务员的职业倦怠显著高于其他行业，工作压力过大，直接影响我国政府的行政能力和管理水平。了解其压力来源将有益于问题的解决。

1.2 压力影响及减压方法

当心理出现问题时，人就会产生负面情绪，使身体的内分泌紊乱，抗体减弱，免疫力下降，各种细菌和病毒就会乘虚而入，伤害健康。《南方月刊》（2009 - 08 - 14）报道了广东省公务员队伍 2007 年初的一次心理健康调查。报告显示，在广东，省直机关 20 ~ 40 岁的公务员中，50.3% 的青年公务员经常感到有压力，31.2% 感觉太累。暨南大学附属第一医院精神心理科透露，在该院就诊的心理疾病患者总数中，公务员约占 10%，比其他任何一种职业的患者都要多。

公务员有以下减压方法供参考：

第一，保持乐观心态。要承认既定的事实，不要丧失信心，这是减压的根本点。

第二，与朋友沟通。沟通是减压的最好渠道。

第三，走出办公室。换一个小环境，比如一次郊游、登山，或者是球赛、唱歌，均是缓解压力的好方法。

第四，把工作做得更好。把注意力转移到自己的本职工作中，会使压力变动力，不但不会伤害自己的健康，还会使工作事半功倍。

公务员一定要善于管理压力，学会自我调控，注重生活满意度和幸福感，切勿追求过高的目标和过完美的状态。

1.3 个人幽默减压计划

幽默可以带来欢笑，带来快乐，带来健康。当你发现你被压力包围时，用幽默作为突围的工具吧。幽默会有效地让你打开心锁，进行情绪管理，快乐地工作和生活。

1.3.1 热爱工作，用幽默心态驱逐烦恼

快乐工作是一种于己、于人、于单位都有益的职业态度，是一种高效的工作状态，更是一种通往成功的方法。职业倦怠是因为个人在工作上受到大的压力，或对工作不满意而产生的一种心理上对工作退缩的现象。公务员的职业倦怠会产生工作疏离、惰性表现，在个人情绪上表现出筋疲力尽、焦虑，在人际上表现出冷漠、生疏。幽默的心态，就是让你以感恩的情感去看待工作和组织，以乐观的胸怀去面对委屈和不公平等。

首先，幽默的心态会让你在工作中不断探寻工作的新鲜感，对工作不会产生机械重复的厌倦。这虽然不容易，但只要端正心态，你就会发现你每天面对的人和事物都不同。

其次，幽默的心态能让你正确定位自己的价值。幸福、快乐来源于内心得到满足的感受，差别源于思想、目标、个人价值的认识和定位。世界上没有卑微的工作，只有卑微的心态。真正热爱工作、在快乐中工作，工作才不会成为一种负担，我们才能真正实现自己的价值。

动物们的工作心得

1. 八哥的工作心得：无论何时何地，坚定不移地当好上级的传声筒。

2. 喜鹊的工作心得：我的心得再简单不过，就是把报喜不报忧当成汇报工作的唯一准则。

3. 乌贼的工作心得：要我说，当老板最大的法宝就是遇到麻烦时，要善于将水搅浑。

4. 老虎的工作心得：既要树立说一不二的权威，又要有容许别人偶尔摸摸屁股的雅量。

5. 狗的工作心得：任何时候都要把上级看成主子，该摇尾巴的时候，坚决地摇尾巴。

6. 黄鼠狼的工作心得：夜里可以想方设法偷鸡吃，白天则要轰轰烈烈地去给鸡拜年。

7. 狼的工作心得：一个篱笆三个桩，一个好汉三个帮，要加强横向联系，要多结交像狈这样的铁哥们。

8. 蛇的工作心得：凡事最要紧的是摆姿态。这些年，我虽然本性不移，但关键时刻我一蜕皮，人们就不好再说三道四了。

9. 蜘蛛的工作心得：只要善于联系方方面面，织好关系网，就万事大吉了。[2]

再次，拥有了幽默的心态，你就会轻松地换位思考，从不同的角度看问题。痛苦源于比较，过高的期望与现实的反差，往往会导致抑郁和不平衡的病态心理。当你学会了以幽默的心态去看待工作，你就可以全面思考。多对自己提些问题，就能变得更平和一些，烦恼与平和的心态永远是不共戴天的。

毕加索曾说："我工作时觉得舒服自在，无所事事或谈天说地令我困倦。"把自己的工作和自己的兴趣密切结合在一起，就是成功的秘诀。当你把用幽默视角看问题当成一种习惯的时候，你就会发现，每一份工作都有独特的魅力，你将从工作中获得巨大的快乐。

1.3.2 心怀宽广，做个幽默的调解者

调解是公务员的必修课。调解纠纷，解决公民之间的矛盾，是公务员治理的第一道防线。随着社会形势的不断变化，矛盾纠纷日益复杂化，有些公务员的调解经验不足，不仅不能解决问题，反而给自己造成莫大的压力。

调解幽默的使用，不仅需要照顾当事人的感受，还要求调解员有一定技巧。幽默在调解中就是一种润滑剂，可以消除焦虑。调解员要学会察言观色，在紧张气氛中创造纠纷解决的契机，将尴尬局面转融洽，使听者的身心得到放松、情感得到释放，拉近彼此的心理距离。调解幽默能减轻矛盾双方的对立情绪，促进交流而产生共鸣。

调解幽默能用来增强影响别人的能力，建立良好的群众关系，甚至嘲讽型幽默借助你的权威，有时也能起到缓解矛盾的作用。作为调解员，你可以采用温和一点的幽默，去影响当事人朝着积极的方向改进[3]。但是这种幽默一定要慎重，否则可能适得其反。

55岁的陈小年是西周镇东瀛村调解主任，他当人民调解员已有12个年头了。村里有对夫妻常常为了一点琐碎小事拌嘴，发展到后来，男方闹着要与妻子离婚，理由是老婆不够好。陈小年对他说："你家里的电灯泡是15瓦的，与别人家的40瓦的电灯泡相比较，是没别人家的舒服，但如果与别人家的煤油灯来比，那你家的电灯泡显然是亮了许多。灯有时认为欠亮，没有时才会想到。你老婆能给你烧饭做菜，给你生孩子，勤勤恳恳的，你也应该知足了。"

陈小年还用自己打起了比方："我陈小年也觉得我老婆不如刘晓庆，可刘晓庆会嫁给我陈小年吗？这是不可能的。"经过陈小年耐心细致的开导，夫妻俩终于重归于好了。[4]

关键时刻幽默的语言避免了事态的失控。幽默感能帮助我们辨识任何情况下的喜剧潜力，从而用嬉笑代替怒骂，化解双方对峙的紧绷。

宋太祖曾当面许诺，要封张融为司徒长史，但是诏书一直未发。

一天，张融乘一匹瘦马，太祖见了，问："你的马为何这样瘦，你每天喂粟多少？"

张融答："一石。"

宋太祖问："喂这么多，为何还是如此瘦？"

张融说："臣许诺给一石，实际上并没有给。"

宋太祖知他话中有话，第二天就发文任命他为司徒长史。[5]

一场紧张的硝烟战，就这样化为无形，这就是调解者的最高境界。

做一个幽默的调解员，最重要的是要有宽广的胸怀和认同的善意，要了解被调解人的幽默。同时，调解幽默也是一项沟通的艺术，只有大量的准备、准确的了解，幽默才能得以不经意地临场完美发挥。即使是幽默，也不应该去贬低任何背景下的人。此外，幽默感受到不同文化、地域、年龄、阶层等多因素的影响，因此不同人对待幽默的理解、接受的程度也不一样。

1.3.3 应酬劳神，幽默化解压力

应酬，指交际往来。应酬本该属于生活中的事，但现在，工作中的事

务往往要在应酬中才能得到解决，应酬也就理所当然成了工作中的事了。

幽默能广泛运用于应对饭局等常见状况。都说无酒不成宴，酒是凝聚也是扩散，是生发也是传递。然而，过犹不及，饭局对不少公务员来说是块心病：天天灌酒，劳神又伤身。

饭局

1. 谈事儿要饭局，没事儿更要饭局。中国的社交文化基本上就是饭局文化。

2. 人世间最大的痛苦不是没饭吃，而是有太多非吃不可的饭。

3. 抢单是最有中国特色的饭后表演，集中体现了我们的大国风范。

4. 饭局是享受，应酬是忍受；饭局是一种生活方式，应酬是一种生存方式。

5. 饭局三大悲剧：想请的人没来，来的人都和你无关，结账时候只剩下你一个清醒的。

6. 一周一个饭局是正常人，一天一个饭局是大红人，一天三个饭局是交际花，一天很多饭局是餐厅服务员。

7. 敬酒是门艺术，拼酒是门技术，耍酒疯是门骗术，千杯不醉是门防身术。[6]

幽默拒绝是一门学问。拒绝，需要发自内心的耐性与关怀，若只是敷衍了事，对人际关系伤害很大。过于直接的拒绝会让人觉得你太绝情，让对方产生不被尊重的感觉。不妨想点幽默招数，让人不仅能知道你的想法，而且感觉到你的真诚。公务员办公的过程中经常会遇到别人送礼的情况，温和曲折的幽默语言既可拒绝收礼，又不伤及脸面。

有一回，一位客人来拜访王安石时，带来两件家藏古物：古镜和宝砚，均是罕见之物，准备送给王安石。

客人说："你看这镜子光滑透明，近照人影一致，可以远照两百里的物和景。再看这砚台，石质又细又密，不伤笔，又少墨。不信你呵口气试试，马上就能得水磨墨。”

王安石哈哈大笑：“两件都算是稀奇宝物，可对我来说没有多大作用啊。我的脸还不及碟子大，哪里还要用什么能照两百里外风景的古镜呢？再说我有个习惯，要写字必先取水磨墨。你的砚台能一呵气就得水，对我又能值什么？”[7]

幽默可以轻松化解迟到的尴尬。迟到是人际沟通与交流的大忌，甚至有人会故意找茬让你为难，如何摆脱这种尴尬的境地呢？避重就轻是摆脱尴尬的一大原则，幽默的语言将会把别人对迟到的注意力吸引到你的个人魅力上。幽默不仅可以用于迟到的借口上，还可以用于早退的托词。如果你在应酬时确实有急事需要离开，来点幽默，也可以让你获得别人的谅解。

1.3.4　积极生活，幽默改变你的状态

幽默能排除忧虑，减轻心理负担。幽默力量的来源广泛，自嘲也不是坏事，有这样一条规律，取笑自己的人有权利开别人的玩笑。如果表达幽默只是传递信息，而不是伤害或攻击别人，那么你的观点将会更容易被接受。

幽默有助于形成正确的世界观、人生观、价值观以及相应的社会责任感、使命感。有这些作为支撑，连自嘲都能让你有更多的听众，当然这些被贬低的小毛病通常是无伤大雅的缺点。自嘲可以表现出你的谦逊和远胜他人的心理能力。兴在人民，原无论大事小事；利归天下，何必争多得少得。唯有轻松、快活与自信才能赢得美丽的今天，创造辉煌的明天。

幽默能让你的家庭相处更融洽。工作后的疲劳，将在家人的笑声中消失。下班回家就全心营造和享受家庭亲情，这既是解除你自身压力的需要，同时也是对父母、妻儿的一份关心与责任。真正强大有力、有所作为的人无不是游刃有余，甚至是悠然自得的。幽默可以柔化包容别人的方式，让生活其乐融融。

彼得当匹斯堡市市长的时候，一天，他和妻子兰茜去视察一处建筑工地，一个建筑工人冲着他们说：“兰茜，你还记得我吗？读高中的时候，我们经常约会呢！”

事后，彼得嘲弄兰茜说：“你嫁给我算你运气好，你本来应该是建筑工人的老婆，而不是市长夫人。”

兰茜反唇相讥：“你应该庆幸跟我结了婚才对，否则，匹斯堡的市长就是他了。”[8]

幽默使业余生活更丰富多彩。幽默是一种健康的生活品质，幽默的生活将带给你快乐的心态。生活就像旅行，行李太多会影响你看风景的视线，公务员的工作繁重而琐碎，应该学会扔掉“包袱”。用幽默的眼光将负担看得轻松，才有时间和精力去发展自己的兴趣和爱好。而丰富的业余生活可以使你精力充沛，心情开朗，从而提高工作效率，这将是一个有益循环。

在幽默的眼光中，一切都现出本质，心情舒畅可以笑口常开，笑口常开就更受人欢迎。因此，应积极生活，让自己拥有开心的状态，永远有一颗怡然自得的心。

1.3.5　豁达大度，轻松支配你的钱

公务员有相对稳定的收入，只是把钱存在银行会缩水，不如去做点有意义的事。“钢铁大王”卡耐基曾说：“在巨富中死去是一种耻辱。”倘若积累大量财富，而又为富不仁，这样的确是一种耻辱。财富积累到一定的数量，就只是一个数字。与其守着这个数字，不如把回馈社会、帮助穷人作为自己的义务和道德要求。幽默让你有豁达的态度，在快乐和财富之间游刃有余，看到比金钱更有价值的东西，这就是快乐。

中国是个人情社会，送礼问题困扰着公务员群体。刚参加工作的新人希望通过送礼敲开领导的青睐之门，已经工作一段时间的同事希望通过送礼获取提拔之道，再或者想办成些不太好办的事儿也把希望寄予送礼之上。我们不否认现在有权钱交易现象，也不否认有些领导会以礼度人，但是我们要充分认识“礼”这一个字。

公务员群体中的人际关系，要把握好“情”，把握好了情，会收到事半功倍的效果。我们不赞成送礼，但支持礼尚往来。把个人发展和前途寄托在如何送出重礼之上太过功利，是一种思维简单化的体现。对相对单纯的送礼而言，礼尚往来更为纯粹、更为真诚，是人与人之间情义的深化与升华。并不一定要很重的礼品才能赢得对方的青睐和器重，幽默会使精神放松，表现出的真诚反而更能给人留下深刻的印象。

在这个追求速度的社会，紧张的生活会让人迷失方向，甚至有人相信，只有利益才能衡量得失，这些观念给心灵产生巨大的压力。但有了幽默，生活中的沉重就会浪漫轻松起来，重新孕育愉快与安适的氛围。

新上任的县官最善于盘剥百姓。王黑小想捉弄他一下。有一天，王黑小买了两个烧饼送给县官的小少爷，说："快拿回家去，大人要问，就说是黑大伯给买的。"

县官听孩子一说，知是取笑他，勃然大怒。正要派人捉拿王黑小，王黑小却自己来了，肩挑一根薄竹片，竹片两头各吊着个小沙果。上大堂后，王黑小也不作揖，把两个沙果呈上道："小民有礼呈送。"

县官气不过，喝令打他40大板。王黑小道："且慢！大人你打我不得！"

县官一怔，王黑小继续说道："官不打送礼的，狗不咬拉屎的。你今天如果破例打了我，那今后给府上送礼的，难道都该打不成？"县官只好放了王黑小。[9]

金钱不是万能的，金钱买不到快乐，不是快乐和幸福的衡量标准，但是幽默精神可以让你享用快乐！放眼看去，处处皆笑点，在这样一个充满幽默、战斗力旺盛的集体里，生活当然是轻松的。用豁达的态度对待经济状况，不患得，斯无失。耶稣说，人不能只靠面包过活，你的心灵需要比面包更有营养的东西。幽默让你感受平凡的每一天，让你保持一颗鲜活的心，不为金钱所累。

2 企业员工如何幽默减压

2010年几个月中几名员工的相继自杀，将富士康这一全球最大的3C代工企业推到了舆论的风口浪尖。尽管富士康及社会各界给予此事莫大的重视，但跳楼事件似乎愈演愈烈。

如此频繁的跳楼事件引起不少企业的反思：企业员工究竟应该如何有效地管理压力和排解压力?

2.1 企业员工压力源分析

不同学者对压力源的分类形式不同，此处引用其中一个压力源五因素模型[10]：工作本身因素、组织中的角色、职业发展、组织结构与组织风格、组织中的人际关系。从内容上来说，压力源模型都是大同小异的，从来源上可以分为以下三个方面：

（1）工作压力。引起工作压力的因素主要有：工作特性，如工作超载、工作欠载、工作条件恶劣、时间压力等；员工在组织中的角色，如角色冲突、角色模糊、个人职责、无法参与决策等；事业生涯开发，如晋升迟缓、缺乏工作安全感、抱负受挫等；人际关系，与上司、同事、下属关系紧张等；工作与家庭的冲突；组织变革，如并购、重组、裁员等使许多员工不得不重新考虑自己的事业发展、学习新技能、适应新角色、结识新同事等，这些都将引起很大的心理压力。

（2）生活压力。生活压力源主要有配偶死亡、离婚、夫妻分居、拘禁、家庭成员死亡、外伤或生病、结婚、解雇、复婚、退休等。生活中的每一件事情都可能会成为生活压力源。

（3）社会压力。社会压力源主要有社会地位、经济实力、生活条件、住房等问题。

在企业员工的压力中，工作压力尤其突出，职业发展的压力位居榜首。有效管理压力，才能高效工作，快乐生活。

2.2 压力影响及减压方法

过大的压力往往与紧张焦躁、精力透支、忧虑不堪等表示负面情绪的词相联系。做好压力管理，职场人员必须做好三件事：

第一，抽空喘息，缓解压力。调解身心的方法有很多，欣赏音乐、观看美景、运动、按摩等，都能让人从紧张中跳出来，寻找恢复能量的方法和时间。

第二，转换信念和模式，盘活自身资源。不过分追求完美，不逃避现实，看到属于自己的优势和长处，建立成功的信念，找到最适合自己的资源模式。

工作幽默三则

新八股：对上用注水文章，自我表扬。对下用官气文章，指点江山。平行用经验文章，互相吹捧。对外用广告文章，包装煽情。加急用克隆文章，拿来速成！

公司管理团队的纪经理很亲民。一日有事问我，亲自来电，当天我心情很烦躁，接到电话："谁啊？""我老纪啊！"我怒喝："谁知道你老几啊？"

一同事说："电梯开门'叮'的一声就像微波炉一样。"另一同事接了句："是啊，然后就从里面走出来一群半生不熟的人。"

第三，识别需求和愿望，做好个人目标管理。建立清晰的方向和目标，有助于耐力和接受力的增强。公务员首先要明确自己的需求，设立长远的工作目标。

仁、智、勇，来源于与压力抗争的生活。当然，与压力抗争不一定要强硬的对抗，温柔的武器有时更有效。幽默是焦虑的第一杀手，利用幽默来对抗压力，将是智者的选择。

2.3 员工个人幽默减压计划

工作压力不仅关系到员工个人的身心健康，而且对个人绩效有很大的影响。当工作负荷增大，身心压力增加的时候，如何让过度的压力远离我们？

2.3.1 幽默客户管理

客户是上帝。有了庞大精确的顾客群，才有持续增高的业务量；有了稳健忠心的客户群，才会有经济状况的有效提升。如何增加客户、维护客户、服务客户，建立客户服务意识，是每一个企业、每一个员工都要认真考虑的问题。枯燥的客户学和经济学让人烦闷，怎么样才能赢得客户的"芳心"呢？幽默是你制胜的绝招，让你快乐赢得客户，让客户管理不再让人头疼。

就像最常见的推销工作通常受到顾客的冷漠对待，甚至轻蔑和侮辱一样，如何才能保持良好的服务和心境呢？推销大王皮卡尔说过："交易的成功，是口才的产物。可以说，推销的实质就是说服。"幽默是很有成效的，能消除与顾客之间的紧张感，使整个过程轻松愉快，充满人情味。

在严肃的生意谈判中，哪怕只是一点小小的幽默，都能给人留下深刻的印象。因为每个人都是向往自由的，谈判的约束已经让人足够紧张，你不必非常有趣，只要稍微打破紧张节奏、放松客户的心情就可以了。

F君在公司会客室里贴了一张大条幅，上书：请抽烟！

经理观看之后，发现在"请"字后边漏了一个"勿"，着其纠正。F君随机应变道："无误。"并解释道："别人来洽谈业务，敬茶敬酒还来不及呢，如果再明示不准抽烟，氛围马上就结冰了，生意还谈得成吗？"

经理听毕："想得周到，不随波逐流。"[11]

没有真正合乎逻辑的理由，如果对业务有利的话，都可以拿来用。人们不会排斥幽默的方式，他们或许不会哈哈大笑，但是他们至少笑了。不过必须始终注意的是，不要冒犯任何人。如果玩笑必须要有取笑的目标，这个目标最好是自己。

你可能厌倦地说，我可不是专业的喜剧演员，如何才能做到这一点？你可以准备一个小笑话，或是给他们讲一个轻松的小故事，多次练习后，你就能讲得自然和流畅了。让客户情绪放松了，他们就会下意识地喜欢你多一点。幽默不会增加你的成本，也不会让你更劳累，它带给你的是无穷的魅力，有效促进客户关系，为你赢得晋升的空间。

2.3.2　幽默为你的工作增氧

大多数人都承认，宁愿看见别人的假笑，也不想看到别人的臭脸。假笑其实也不一定是虚伪，有时候就是一种对待工作、对待生活的态度。作为一名员工，不仅要有非凡的见识，有表达的勇气和韧性，还要有机智的幽默感。

烦闷的情绪因为幽默而放松，一天的心情因为简单而快乐，一天的工作因幽默而满足，因幽默而改变。接触的客户面广了，一天的心情难免会随客户的变化而起伏。细心一点就会发现，原来有些客户也是幽默诙谐的，可能会带给你一天的好心情。

最近，小王公司的对公客户回单箱三天两头坏，从硬件到软件换遍了，最终还落下了全天开机的后遗症。这天，机器又闹毛病了，投单投不了，查询余额跟打印明细也是反应迟钝。

正当小王急躁地处理对公业务时，突然听窗外客户说了一句："得脑血栓了？"小王心里一惊，不知道哪里又惹来了客户的是非，抬头看去原来客户在回单箱触摸屏上操作——原来是对电脑说的。这表明客户并没有生气，而是将故障用玩笑的方式说出来，让人忍俊不禁。

这句话让小王高兴了一个下午，并把这句话告诉同事，让大家欢乐共享了一把。

工作使人进步，幽默使人开心，对健康的生活而言，二者缺一不可。朝九晚五的办公室生活让人感觉枯燥，同处一室的同事也会变得沉闷。也许有一天，你会对自己无名地发火，面对工作压力，你总是愁容满面。办公室其实也是一个产生幽默的地方，学会一种变不满为快乐的宣泄方式，可以将工作变得有趣。和同事、上司的点点滴滴，会让你感受到不一样的温馨。为了健康，我们要善于创造幽默。

我们公司今年公交车增加了好多辆，公司内部的司机不够，就在社会上招聘了一些下岗职工，新招聘的张师傅刚刚上岗两天就被主任叫去了。不一会儿，张师傅一脸怒气地回到办公室，愤愤不平地说："乘客竟然嫌我开得不好，去主任那告我的状，真是岂有此理！我干这行20多年了，坐我车的人个个满意，从来没有听过一句不满的话。"

同事也感到奇怪，就问道："张师傅，你以前是在哪里开车的？"

张师傅没好气地说："在城北火葬场开灵柩车。"[12]

压力产生忧虑，幽默发泄忧虑。幽默的人能一分为二地看问题，及时意识到自己的心理压力，有效遏制情况的恶化。经常和同事聊天说笑话，会让工作场所变得有趣，让工作变成享受。

歪打正着

老陆与小何在办公室交锋。老陆挖苦小何个子矮小，并笑话其傍大款的梦做不成了。小何很生气，看了看老陆只比他高一点点，还胖，忍无可忍，大喝了一声："矮柱子！"

正巧科长接洽一个客户，久攻不下之后正准备送客户出门，却被小何的大喝吓到了。

小何正欲辩解，却见客户忽然笑逐颜开，并爽朗地笑着握了握科长的手："没想到贵公司对客户调查得这么细致，连我的小名都查出来了。这份合同，我签了！"

当日，伙食改善，犒劳三军。[12]

收集办公室里面发生的点滴幽默，将会使你的生活大放光彩。幽默的话语来自于内心的创造，让人产生强烈的归属感，有效去除职业倦怠和职场枯竭，增加工作积极性和满足感。

2.3.3 幽默看待"不公平"现象

幽默让你坦然面对不公平现象。在成长和锻炼的过程中，每个人都会有深深的创伤。伤痛可以教人看清楚人生的真相，可以看透世事的本质。幽默让你豁达地看待每一次挫折和失败，体会破茧而出的喜悦。

也许你工作兢兢业业，却不如那些和领导关系好但业绩平平的人受重视。当不公平感产生时，压力就会压抑你的心境，从而对健康产生不良影响，久而久之，会扼杀你的才能和创造力，甚至使你产生极端的思想和行动。我们说的幽默面对不公平，不是指一定要用阿 Q 精神去面对。阿 Q 毕竟是在自欺欺人而又妄自尊大、自我陶醉。我们的幽默精神，就是在不公平现象面前，正视现实。你这样想一想："如果要我也像那样去绞尽脑汁才能得到那样的待遇，我肯定不会那样做。"得失之间方显大度，世界本来就没有绝对的公平，靠自己的努力奋斗才能得到踏实。

也许有这样一种状况，你工作努力，而且正当升职时，有人却在后面踢你屁股，让你不能一帆风顺。你可能会愤怒，情绪失控，而如果你有幽默的心境和态度，很快就会平静下来。来点幽默，将别人踢你屁股的行为看成是阿 Q 的报复行为，这不仅让你的愤怒找到了出口，而且还会用笑声给你带来好人缘，让人体会到你的大度，为你赢得晋升的机会。

幽默和愤怒的心理是不能共存的，所以，幽默能有效地赶走愤怒。让那些"踢"你的人感受到你的智慧和宽宏大量。要知道，重要的人才会招人嫉妒，不公正的批评是经过伪装的恭维。

2.3.4 坦然面对"坏消息"

郭德纲小品中有这样一段："两个消息，一个好，一个坏，你要先听哪一个？""坏的。""坏消息是：咱们已经迷路啦！只能吃牛粪了！""好消息呢？""好消息是：牛粪有的是！"再坏的处境也能找到令你惊喜的东西，转变思考问题的方向，你能得到不一样的答案。

幽默是提升情绪生产力的重要武器，是职场成功人士必不可少的精良装备。每天你需要处理的信息都非常多，每一条信息对你来说都有好有坏，怎么来看待信息的好坏，主要由心态决定。幽默是一种豁达的态度，让人摒弃狭隘的思想。如果你公司最大的客户告诉你，他们下年度起不续约了，面对大客户的移情别恋，你无法挽回损失，那么，你考虑怎么把这个"糟透了"的消息告诉上司呢？

小李在损失大客户之后向主管报告。在办公桌前坐下后，小李说："我今天早晨开车载客户去看场地，结果不小心出了车祸。我没大碍，但是客户的大腿被严重夹伤，医生说有可能需要切除的。客户很生气，说要终止我们的合作，要告我们公司，并想打电话去电视台发布这个事情。喔，对了，我早上开的那部车几乎全毁了，恐怕要花上几万块修车。”

主管眉头皱得越来越紧。小李顿了顿，看到主管稍稍平静了一些，接着说：“其实我早上并没有开车，客户也没有受伤，不过他们的确决定不再和我们续约了。”然后把事由向主管说明了。主管一怔之后，如释重负，终于可以轻松面对失去大客户这件事了。

并不是每一个坏消息都是坏到了极点，当你将之与再坏的消息对比时就会发现，这些已经是相对较好的状况了。没有谁能抵挡住幽默的“攻击”。幽默，让我们对事物产生新的洞察力和创造力；幽默，让你重新看待自己遇到的每一个问题，快乐地工作。

愉快的生活是由愉快的思想构成的，发现事物的积极面，总能为我们的处境带来转机。有人说，情绪是可以选择的。当坏消息来临时，幽默是最好的钥匙，揭开你被负面情绪绑架的心。上帝给谁也不会多，幽默能让抱怨闭上嘴。

生活的快节奏给我们带来不适应，严峻而沉重的现实问题让我们无法舒心，到底是谁剥夺了我们的惬意？培养幽默的心态，有助于了解自己，让你无论在什么状况下都能有一个灵活的头脑，这样就不会沉浸在消极的情绪和观点中无法自拔。

每天有很多事情要处理，要看老板的脸色，拿很少的工资却做很多的事，这一切都不是你抑郁的理由。幽默是后天习得的行为，我们所有人都能够养成这种行为。表现幽默的能力取决于时机的把握、信心以及观察和分析周边形势的能力。因此，你可能会发现，提高自己的总体表达技能会让你变得更加有趣。拥有了幽默感，坏消息不再是坏消息，你的情绪将由自己掌握。

3 教师如何幽默减压

教师职业压力是一个全球性的问题。先进教育理念和教学技术的改进，给教师带来了巨大的压力。教师压力表现为职业倦怠和职业焦虑，影响工作质量和心理平衡。

3.1 教师压力源分析

教师每天面临不断变化的环境和行业内部的竞争，是一个高压职业。教师压力源主要有以下五种：

（1）工作因素。近几年的教育改革，如管理体制以及教师聘用、考核机制方面的改变，意味着心理定式、工作方式的改变，也可能意味着竞争方式和利益关系的调整。不论是哪种情况，改革都会给教师带来巨大的压力。教育改革后果的不确定性，教师个体对于教育改革的应对能力有限，从而使教师增加了压力感。

此外，某些学校引入的市场竞争机制，以及目前一些仍然还不完善的考核，给教师带来了危机感和不公平感，使部分教师难以适应。

（2）教育评价制度。应试教育下，社会始终以学生的学习成绩和升学率作为评价教师职业能力的标准，教师的工资、职称和奖金都与学生成绩优劣相关，这种评价机制的不合理产生了矛盾冲突，加大了教师的心理负担[13]。教师的社会地位虽不断提高，但各种社会福利待遇与高收入的职业相比还较低。如何在奉献与回报中找到平衡点，是对教师提出的挑战之一。

（3）人际关系。教师工作中人际关系是为了在教学和生活中满足各种需求而建立起来的交流关系，主要包括师生关系、同事关系、上下级关系、个人与集体关系。教师人际关系和谐程度直接关系工作信息交流的程度，从而影响到被认可度和竞争能力。

（4）职业发展。现代社会教师承受着较高的社会理想，承担着为国家培养人才、传承人类文明的重任，家长望子成龙转化为对教师的期盼，同时还要面对不断的学习、进修、升学，以提高自身素质。

(5) 角色过度负荷。社会一再强调教师的奉献和责任。“传道、授业、解惑”固然是教师所担当的职业角色，但是除了教学之外，教师还是学生活动的管理者、社会活动的参与者，此外还有家庭角色的担当。多种角色的转换容易造成教师心理的矛盾和冲突。

3.2　减压方法

教师压力过大，会引起职业倦怠，对学生漠不关心，同时主观幸福感降低、焦虑抑郁水平升高，造成心理失衡，甚至严重影响健康状况。

教师在学校为学生减压的同时，还要注意自我解压，调整和转化自己的行为。对压力的认知会影响到个体，改变不合理的信念、行为模式和生活方式等也是解决压力的策略。

解压的方法有很多，比较常见的有自我认同法、转移注意力法、自我解脱法、淡泊名利法、环境调节法、心理保健法、自我激励法、食物调节法、心理治疗法等。问题不在压力本身，而在于对待压力的态度。有压力的生活让人更有斗志，每次在压力下战胜困难达到目标时，那种成就感是任何东西都取代不了的。因此，最好的解决压力的办法就是化压力为动力，促进自身的可持续发展。

3.3　教师个人幽默减压计划

教师要学会幽默，自我调适，为自己减压。在学生呼吁师生平等的今天，教师不要刻意去塑造“圣人”形象，不要和学生“较劲”，要工作与休闲并重。这里我们探讨一下如何成为一名会教、乐教的健康教师。

3.3.1　做个“潮”老师

在学生眼中，“好老师”的标准不仅要能够传授知识，而且还要与学生有共同的语言。学生都喜欢讲课幽默风趣的老师。老师寓教于乐，让课堂气氛变得活跃，学生也能学得更有兴趣。学习效率提高了，学生的成绩就会上升。作为老师，最大的欣慰莫过于此了。

学生喜欢知识丰富、教学方式新颖、打扮时髦并且善于与学生沟通的潮老师。“潮”就是时尚、顺应潮流的意思。做个“潮”老师，首先要了解你的教育对象，现在的学生多是20世纪90年代后出生的一代，俗称90后，90后接受新鲜事物的速度越来越快，对电脑和网络有普遍的、浓厚的兴趣，崇尚新鲜、时髦。学生喜欢用手机短信、网络聊天工具和网络语言进行交流，学生希望自己的老师能够深入细致地了解他们的生活方式，能够和自己平等地进行沟通交流。

什么是“虾米”

同事王姐接儿子小浩放学，发现小浩满脸不高兴。王姐问：“怎么了？挨老师批评啦？”小浩：“嗯，还罚我站了十分钟，是老师听不明白还怪我。”见王姐不明白，小浩继续说：“老师在课堂上问我日记里面多次提到‘虾米’是什么意思，我说是‘什么’的意思。同学们都笑了，老师就说我起哄，又问了我一遍，我很清楚、很大声地告诉她‘什么’，结果老师就生气了，罚我到外面站了。”

王姐纳闷地说：“那，你说了半天，‘虾米’到底是什么意思啊？”小浩一听，“哇”的一声就哭起来了。[14]

“偶像崇拜”是90后学生的又一特征，这是学生为自己选择的参照标准，不自觉地喜欢和模仿偶像。“潮”老师要融入学生的文化圈进行交流，根据学生的需求，有针对性地设置课堂内容和形式，吸引学生的兴趣。网络语言很“潮”，很幽默。如果你一点都不懂这些网络语言的话，你就“out”了。另类语言在家长和老师看来或许不习惯，然而在他们的生活中早已大行其道。新东方学校的罗永浩老师具有深厚的人文功底，是新东方的“品牌教师”之一。其授课风格独特，广受学生追捧，网友罗列其部分语录如下。

罗永浩语录

1. 剽悍的人生不需要解释！

2. 人生总有几次踩到大便的时候。

3. 以前上课时老师们都说女孩子要自立。哦，忘了，你们是考GRE的，考GRE的女生是什么？猛女！

4. 好了，笑话讲完了，刚才趴着的同学可以继续睡了。

5. 在美国的研究生院里中国学生从来不参加课堂讨论，以至于教授都以为他们什么都不会。可是一考试就是第一，一考试就第一，那美国教授不就崩溃了吗？他根本理解不了，于是感叹道："啊，不可思议的东方人！"[15]

"潮"老师还要能够打破师生之间的代沟，最好能够和学生产生思想的共鸣。"潮"老师是一个善解人意的、能够分享秘密的朋友。

另外，如今的学生都是20世纪90年代以后出生的，和年轻的"90后"相处，穿着打扮也不能太"out"，漂亮且外表要时髦，已经成了学生心目中对老师的要求之一。作为一个教师，能和学生当上好朋友，就不会再觉得工作是一种累赘。和学生活跃到一起，才能把快乐融入工作，实现师生双赢的局面。

学生时代正是学生心理和生理成熟的阶段，"潮"老师不仅可以轻松地为他们作出榜样，而且可以对他们的个性发展起到推动作用。"潮"老师不仅是学生的需求，是新时代对教师提出的标准，也是教师职业生涯过程中减压的方法之一。

3.3.2　幽默课堂，享受"孩子王"的感觉

教师的职业压力多数来源于课堂教育活动的实现效果。教师承受着由教学工作中的某个方面而引起的不愉快和消极情绪，例如愤怒、忧虑、紧张、挫败或沮丧。如何拒绝课堂沉闷，如何调动学生的积极性，是每天老师都要忧心的问题。如何在课堂上引入幽默呢？

学生，特别是中小学的学生，大部分的学习时间是在课堂上度过的，都是在聆听老师的讲解。幽默风趣的课堂对消除学生的疲劳，集中注意力，提高学习效果起到了一定的作用。

在一些大中学英语课堂上，为缓解师生紧张感，老师可能安排几分钟与学生分享笑话。通过对英语笑话的搜集和练习，强化了口语和语法知识。有的老师还会用互动的方式，在彼此交流的过程中擦出幽默的火花，从而把对话和讨论推向高潮。

也许你已经知道幽默在课堂中的作用和价值，但是觉得，有人天生比较幽默风趣，有人则比较刻板，不知道如何去实现幽默教学。确实，目前的整体状况是，大部分教师的幽默感水平还有待提高。我们可以借鉴一下少数教师在多年的教学实践中总结出的一些经验。比如多看一些通俗易懂

的书籍，花心思找一些与教学内容相关的幽默风趣的图片或视频，采用符合学生心理的通俗的比喻。如果你还是不会将幽默使用到课堂的话，那么观摩其他幽默教师的课堂，可能是行之有效的方法。

幽默的课堂可以活跃学生的思维，增加学生的创新能力，甚至是一些与课堂无关的幽默，也有可能产生这种效果。在课堂上，你如果能给学生看一些关于生活或是时尚流行的电影视频，在不耽误正常上课的前提下，在增长学生的见识的同时，也能拉近与学生的距离。一个受学生欢迎的老师，就是一个有成就感的老师，不再是一个受压力“奴役”的老师。

3.3.3 幽默，让你拥有健康

基础教育课程改革把提高学生素质作为增强综合国力的关键措施，新的教材打破了传统的教学观念，对教师提出了更高的要求。基于教学理念的改变，课堂教学评价也发生了本质的改变。在强大的压力状态下，教师的生存状态和身体状况堪忧。目前，半数以上的教师处于亚健康状态，经常出现的症状依次是压力太大、对周围事物缺乏兴趣、多梦、休息不好、记忆力减退、焦虑以及注意力难以集中等。很多教师都有不同程度的焦虑，甚至还有一部分教师出现抑郁症状。

教师的工作本质代表了工作的无私奉献。现实与赞誉之间的背离、先进教育理念和落后教学评价的反差、自我抱负和工作准备不足之间的矛盾、个人承受能力与教学任务过重的矛盾等问题，导致了教师的职业倦怠的产生，心浮气躁，健康堪忧。有人这样打趣教师的待遇：校长贵族化，领导多员化，管理奴隶化，检查严厉化，学生祖宗化，人际复杂化，加班日夜化，待遇民工化。

当你对越来越复杂的教学环境感到压力过大时，不妨用一些强烈的、夸张的表情逗笑自己，或是改变你的呼吸状态和动作习惯，以释放心理压力。大家都深有体会的是，当你非常沮丧的时候，就会两眼无神，气色发灰；当你高兴的时候，肯定会手舞足蹈，有愉快的笑容。

美国幽默治疗协会有这样一个训练，就是“为笑而笑”。这样的训练方法也表明，要想有巅峰的情绪，首先要有巅峰的动作，情绪受动作影响。当你心情焦虑憋闷的时候，可以用幽默心理暗示，尽可能地缓慢呼吸，并在呼吸的同时，心里默默地对自己说：“真舒服，真开心。”或是想象对面坐着一个自己，然后以尽可能真诚和轻松的方式对着“自己”微笑；或是大笑十分钟，这样既能活血、增加肺活量，还能改善心境，摆脱疲惫的状态。

张子和献三笑治病

项关老年得子，夫妻俩对孩子爱如掌上明珠，不料孩子未曾活到一周岁便夭折了。其妻黄氏痛失爱子，终日神志恍惚，常好叫呼怒骂，欲杀左右，恶言不辍。众医治药百剂，不见疗效，项关也整日闷闷不乐。

这天，张子和应邀到项家，他详细问明病情，又认真替黄氏诊脉。诊脉时，他突然双眉紧锁，站起身来说："哎呀，大事不妙，我老伴让我买油豆腐嵌肉，我还没有办好，我得马上回家，不然，老伴会拳打脚踢毫不客气的，容我今日先走，明日我一定上门送药来。"说罢了乃出门就走，黄氏一听，忍俊不禁。

第二天，张子和身背药袋而来，一进屋就开始伸手掏药，但药袋里装满红丹绿粉，染满了他的五指，却没找到一粒药丸，急得他面红耳赤，竟涂了个大花脸，忙对黄氏抱歉说道："请夫人原谅，药丸忘在家中，明天一定送到！"黄氏一见他这个花脸样子，禁不住"咯咯"笑出声来。

第三天，张子和身穿长袍而来，到黄氏房中，伸手到长袍袋找药，找了半天，又没找到药物，急得脱下长袍，却露出了里面红红绿绿的女人衣衫。黄氏一见，笑得前仰后合。张子和连忙对黄氏说："让夫人又见笑了，我真糊涂，怎么把老伴的衣服错穿在身上了呢?"张子和走后，黄氏还在捧腹大笑。

从此之后，黄氏逢人便讲，边讲边笑，说来倒也奇怪，不到半月，黄氏的病竟在笑声中渐渐地好了。项关感觉到其中必有奥妙，便登门拜访张子和。张子和微笑说："你夫人的病乃为哀愁所生，用药难以奏效，我三次去为她诊病是有意逗她发笑，因为笑能遣愁，使忧愁得散，郁气得开，病就不药自愈了。"从此，张子和献三笑祛病患的事便被传为佳话。[16]

心之志为喜，肺金之志为悲，火克金、喜胜悲。喜为良性情绪变化，因而可以治疗因郁怒、思虑、悲哀等不良情绪活动所致的病变。多笑，能克服不良情绪，有效治疗教师职业倦怠产生的记忆力减退以及焦虑、注意力难以集中等状况，使你的生活质量在不断的改进中提高。快乐的生活与变化的节奏并没有必然的联系。有些事情不能一步到位，那就超脱地看待瑕疵，给自己一片欢笑吧！

心理学上有这样一个发现：当改变身体状态的时候，就能改变自己的情绪。比如，某个人到迪厅跳 20 分钟的舞蹈，感觉非常开心。就是说，没有什么特别的情况，也可以做使自己高兴的事。迅速改变自己的身体状态，不仅能促进身体物理方面的毛病，摆脱亚健康，而且能改变心情焦虑的抑郁状态。

看幽默视频（如相声、小品、幽默影视）也是幽默疗法之一。幽默的视频给人以感官上的刺激，在笑声和姿态语言的感染下哈哈大笑，不需要任何理由。快乐和欢愉可以解除病痛。据报道，相声艺术家的平均寿命要比医生长，这就是“笑星”的幽默健康效应所致。幽默疗法给我们一个转机，创造我们想要的结果，祛除郁闷，进而拥有全新的生活。

3.3.4 幽默使生活充满欢笑

教师生活压力大，与教师工资水平是相关的。就精英阶层而言，教师工资比国有垄断企业的高管、比政府官员的收入都低。教师工资低，也是指相对于 CPI 的增幅而言的。近几年，CPI 增幅较大，物价涨得快、消费高、房价高，教师生活水平提高慢，教师生活支出压力大。同社会上的精英阶层相比，生活相形见绌，捉襟见肘，缺少尊严。尽管教师工资正在逐年增加，但是相对于飙涨的物价、房价来说，教师的生活压力大，生活水平和质量都难以提高。大部分教师都紧锁眉头，为了生活奔波劳累，如何给生活带来欢笑？

铁打的营盘流水的兵，教学对象改变了，教育观念改变了，生活方式也要改变。善用幽默并善于表达幽默，能使人体内分泌系统功能不至于突然失去平衡，造成有害的效应。幽默感可使人保持心态平衡，淡化心理反弹效应，防止精神受到重创。因此，作为教师的你，应该将幽默感引入生活圈，为生活增添微笑。快乐是一种不懈的追求，每一个人都要保持快乐的心态，在自己身上发现快乐，用快乐的心情享受每一天。

好心境是自己的，让生活变好的金钥匙不在别人手里，放弃我们的怨恨和叹息，美好生活就唾手可得。物质不能彻底改变生活，只能改善生活，如果你想要快乐的生活，就请抛开对物质追求的强烈欲望，用幽默感充实你的生活吧。

不与别人盲目攀比，自己就会悠然自得；不把人生目标定得太高，自己就会欢乐常在；不刻意追求完美，自己就会远离痛苦；不事事苛求自己，自然就会活得自在；不每每吹毛求疵，自己就会轻轻松松，这就是幽默心态。物质让人活得太累，而知足者常乐！

4 大学生如何幽默减压

大学校园是象牙塔和社会的过渡地带。大学期间，是学生增长知识和能力的时期，也是学生选择性多样的时期。面临年龄的增长和社会生活的接近，大学生所处的社会环境日益复杂，社会对大学生的期望值也逐步提高。

4.1 大学生压力源分析

外界的期望和大学生尚未成形的身心状况之间的矛盾，形成了大学生的压力。由于大学生有其自身的特点，因此，分析大学生的压力源是很有必要的。大学生压力源主要有以下六个方面：

(1) 学习压力。所学专业和自己兴趣的吻合度是学生学习兴趣的一大决定因素，很多时候，学生的专业并非自己所愿，就会产生学习的压力。此外，各类社会工作所要求的学生素质，使得学生需要不断地提高自己的能力，各种热门等级证书的出现，又给学子们带来巨大的压力。

(2) 就业压力。就业问题是大学生普遍关注的一个问题。2009 年全国高校毕业生人数再创新高，加之受到金融危机的影响，就业形势更加严峻，大学生就业也被认为是进入 30 年以来最难的时期。2010 年，金融危机带来的不利影响还没有消除，这一年是就业形势最复杂的一年。

对于大学生就业而言，最关键的影响因素还是“结构性的”。这些因素包括短期供给超量、学科专业设置不协调、区域选择偏好、就业能力不足等多方面。大学毕业生聚居群体，被称为继农民、农民工、下岗工人之后出现在中国的又一群体，被形象地称为“蚁族”——高智、弱小、群居。“蚁族”在劳碌奔波中寻求改变，就业压力可想而知。

（3）人际交往压力。大学生一方面渴望交往，另一方面又由于交往能力的局限、方式方法的欠缺以及个性等方面的原因，使得实际交往效果与主观期望有明显的差距。大学生交往失败的一个重要原因是由于交往经验、方法和技能的缺少。对交往的渴求和交际能力不足之间的矛盾，成为大学生人际交往压力的主要方面。

（4）生活环境适应压力。大学生在学校中有稳定的社交集团，到社会中需要大面积交友，生活环境发生了很大的变化。能不能融入一个新的集体，会不会有适合自己的生活环境，能不能为新环境所接受，是对大学生适应能力的一个挑战。甚至有人对陌生环境产生压抑感和恐惧感。

（5）经济压力。随着社会的发展，大学所需费用显著提高。部分大学生认为，经济要独立于家庭，因此盲目打工，从而影响学业和生活习惯等。同时，学生消费的攀比之风日益严重，给学生带来了更大的压力。

（6）情感压力。大学生的情感生活是大学生心理问题的敏感点。情感危机引发的心理问题占了很大比例。恋爱问题的处理、感情的依托，如果处理不当，就会产生焦虑和自卑感。

4.2 压力的影响及减压方法

压力主要有三个方面的反应：心理反应，引发心理上的紧张；生理反应，对健康造成不利影响；行为反应，引起行为上的反常与紊乱。

大学生应该正确认识压力并进行合理调适，对压力有以下四个排解途径：

（1）合理认识压力。发生在自己周围的事情都会具有两面性。压力会给自己带来紧张、不愉快，也可能会给自己带来经验和启迪。要做个积极思考者，维持合理的压力。

（2）转移注意力。通过做自己感兴趣或是能让自己放松的事，例如运动、爬山、上网聊天、听音乐等，或是对好友倾诉，以调整心情，使注意力脱离压力事件。控制自己的情绪，从而达到减压的目的。

（3）树立积极的自我形象。每一个人都不是完美的。了解自己的优点和长处，正确地接受现在的自己，全面了解自己的优点、缺点，才能以积极的心态面对压力。

(4) 寻找支持减压。学生面对压力时，往往倾向于独立承担，因为缺乏沟通，产生的负面情绪得不到宣泄。因此，大学生要建立自己的交友圈，多和外界进行沟通交流。

张锦贵教授在讲授“如何做快乐的现代人”的时候说：“你如果每天笑三次，医生就不会来了。我的老师之一赵丽莲博士，人称鹅妈妈，30 多岁得血癌，活到 93 岁，你知道为什么吗？就是用快乐丸治的。一个人快乐的时候，大脑会产生一种激素，让好的细胞强壮；会把不好的细胞，如癌细胞，消灭掉。烦恼产出来的都是不利于健康的细胞和激素。所以说，心情好，做事情就好，心情不好，做事情就糟糕。”

4.3 大学生个人幽默减压计划

随着社会的发展，人类的语言在不断地改变，具有较高文化素养、充满青春活力的大学生使校园语言快速更新。幽默向来是人类智慧的结晶，将大学生自己的幽默和减压相联系，是智慧与青春的结合，会有新的创意产生。

4.3.1 幽默，扣紧人际关系的纽带

在 21 世纪，大学生依然是社会人眼中的天之骄子。尽管我们追求独特、追求个性，但是大部分的人还是表示“在乎别人对我的看法”。我们希望自己的个性能够得到群体的认同。幽默的谈吐和表达，能让人感觉到你的开朗、大度，增进心理健康，达到共同促进的目的。大凡有好人缘的人都有这样一个特征——幽默。幽默是最好的人际交往手段，为我们很好地解决了大学生人际交往方面的压力。卡耐基说过：“一个人事业上的成功，只有 15% 是由于他的专业技术，另外的 85% 要靠人际关系、处世技巧。”

人与人之间的交往，有一个“刺猬法则”，相隔太近的话会引起对方的反感。而幽默可以打破这种距离，能拉近心与心之间的距离。《红楼梦》里王熙凤的出场可谓让人印象深刻：一语未了，只听后院中有人的笑声，说：“我来迟了，不曾迎接远客！”说话不一般，先声夺人，笑声让人感受到她的泼辣劲，气氛顿时热闹起来。大家不妨学学王熙凤的这种作风，想笑就笑，风风火火一把。

幽默能加强沟通。幽默之所以让你拥有好人缘，是因为笑声能够感染人，笑声能让人心情舒畅。大学生人际交往欲望强烈，同时交往的对象以同龄人为主。幽默能够让人感觉到你的真诚，欢笑让人感觉你是真的对他感兴趣，而不是在敷衍他。

幽默的心态让人体会到倾听是一种美德。做一个很好的听众，不要当喋喋不休的“唐僧”，也是幽默的人应懂得的一个道理。

幽默的心态让你不再吝啬赞美。幽默的人口舌生花，能够从别人的角度想问题，看到每个人的优点和长处。赞美会让人觉得他很重要，从而避免伤害他人的感情。

幽默的人也是渊博的人，旁征博引方能显示出人的深度，所有人都喜欢学识渊博的人。幽默的人能够机智地引导别人的思维，为人带来欢笑，也能轻松地避开不必要的打扰，巧妙地说“不”。

大学生交往动机的复杂化，使得幽默发挥更加重要的作用。幽默让一个人更容易融入陌生的环境中，幽默带来笑声，让人分享快乐。在各种压力处理中充分发挥幽默的调节作用，能为自己的人际关系博得一份精彩。

大学生交往范围、内容和方式的开放性，决定了幽默这种交流方式会广受欢迎。大学生在使用幽默的过程中要细心体会幽默的认知智慧、情绪体验，最重要的是巧妙地运用它亲和他人、解决问题。

在大学生的生活中，很多冲突是由于个性的不合引起的，是可以避免的。有时候嘲讽型幽默能让人产生一时的痛快感，或许能暂时性地达到自己的目的，显示出自己的优越感，但是带来的压力却远远大于友好型的幽默。为了在日常生活中能够有更好的人缘，大学生应该多运用友好型的幽默，少运用挑衅的、带有攻击性的幽默，让幽默能够更好地调节冲突。

4.3.2 幽默，让生活富有创造性

经过了高考的“独木桥”，忽然没有了急切需要实现的目标，除了学习以外，我们要面对的社会环境变得丰富起来。突然的变化，让很多大学生难以适应，过大的压力导致了各种各样的心理问题。融入一个新的集体，寻找适合自己的生活环境需要从内心上作很大的改变。也许你会为自己是否能为新的环境接受而迷茫，也许你还对自己的适应能力不太自信，甚至还对这样陌生的环境产生了恐惧感。如何解决这一连串的问题，使你的生活丰富起来？

最容易的考题

某空军院校的一次考试，试卷上有这样一道题："请写出我国空军部队任何一年的空军人数和飞机数。"

一位考生在试卷上写的是："1898 年空军人数和飞机数皆为 0。"

面对这样的答案，批卷老师犹豫了好一会，最后还是无奈地打了个勾。因为世界上第一架飞机问世还是在 1903 年。[17]

发挥幽默感，让你很快融入集体。大学生的幽默创造力是无穷尽的，活跃的思维本身成就了大学生群体的创造能力。彼此之间的调侃和玩笑，都不带功利性，没有尖刻的讽刺，没有强烈的目的，只是为了表述自己的观点，抒发自己的心情。融入这样一个群体，你将会发现，生活是多么充实和富有创意。

幽默感让你充满活力。大学生是一个群体，我们使用着共同的新兴语言，称呼老师为"老板"，"喜欢"可以音译为"稀饭"，"这样子"被读成"酱紫"，"什么"被读成"神马"，新闻媒体和广告已开始使用"给力"等，尽管这些语言最初只是一小拨人的奇思妙想。

大学生幽默语录

调侃超级女声：生活就像超级女声，能走到最后的都是纯爷们。

调侃恋爱心态：黄忠六十跟刘备，德川家康七十打天下，姜子牙八十为丞相，佘太君百岁挂帅，孙悟空五百岁西天取经，白素贞一千多岁下山谈恋爱。年轻人，你说你急什么？

调侃前途：高三，我们满怀憧憬，看了《奋斗》；大学伊始，我们彷徨无措之时，看了《我的青春谁做主》；当我们即将豁然开朗之际，一部《蜗居》把我们全拍死了。绝望中，我们看完了《2012》，顿时淡定了，买什么房啊，反正都要塌的。

旁征博引的幽默让你个性飞扬、魅力非凡。是个性造成了大学生群体的独特，使得个性张扬、创造力丰富成为这个群体的特性。充满幽默的生活能让你看清社会形势，为自己找到解压的出口。我们讨论体育政治焦点，谈论娱乐八卦话题，讨论一个以无厘头著称的演员进入高校讲堂并成为商学院教授等，众多的话题让我们期待社会生活，也感慨社会生活的复杂。

同时，网络社会的特性，强化大学生幽默的创造能力。利用好网络这一片沃土，有助于你的幽默感的养成。作为一种崭新的、动态的、高自动化的传播方式，网络极大地丰富了大学生的幽默生活。网络社会的分散式结构，使大学生的幽默能够广泛流传，让你置身于充满创造灵感的海洋中。

4.3.3 幽默应对学习压力

Abel 和 Maxwell 以 303 名大学生为被试，以录像为幽默材料，在无法解决的字谜游戏任务中研究幽默感对压力的调节效果，发现幽默感能减轻字谜任务所引发的血压的增高[18]。这就表明，幽默能让人有创造力，为我们解决问题带来帮助。

首先，大学生应该以学习为主线，提高综合素质。社会的期望，让大学生背负着沉重的压力。如何才能成为有用的人，如何才能符合社会的需要，如何才能适应社会的变化和发展，这些都是大学生面临的困难。人生规划的严谨与时间上的冲突，让部分大学生无所适从。

有一对大学生情侣，经常出双入对，也在一起开车上下学。一天，风和日丽，他们俩就开着车子去兜风，结果耽误了上课时间。没想到，当天老师临时来了个小考。

“轮胎在路上扎到钉子，没气了，只好去车行补胎，结果误了上课时间。”他们撒了个小谎。

“好吧，似乎情有可原!”老师同意让他们补考，“但是有个条件，如果你们答错，那么这学期的最终成绩就不及格。”

于是这两位同学就分开在教室的两头补考，题目只有一道：“车子的哪一个轮胎扎到了钉子?”[19]

幽默让我们明确自己的主线。幽默让人全面地看问题，让人找到豁然开朗的感觉。因为我们在青春时期，要疯狂自己，做自己喜欢做的事。凡事有得有失，当你看准你的兴趣的时候，就可以全力主攻这一领域。生活有了主线，就不会再为琐事烦恼。

一步之差

一次，苏联诗人马雅可夫斯基正在发表演讲，一个矮胖的人走到讲台上来，指责诗人的演讲有极大的偏见，最后嚷道："我应当提醒你，拿破仑有一句名言：从伟大到可笑，只有一步之差。"

马雅可夫斯基看了看那人同自己的距离，用赞同的语气说："不错，从伟大到可笑，只有一步之差。"

其次，幽默感有助于形成良好的学习习惯。幽默并不仅仅是简单地讲笑话，简单地逗人笑。幽默需要旁征博引的大气，需要上知天文下知地理的博学。没有一定量知识的积累是很难表现出幽默感的，而幽默感又催促你学习和积累。

最后，幽默感是一个适应性的个体特征，幽默在问题与个体的主观反应之间起到调节作用。幽默感之所以产生，是因为善于创造悬念，善于寻找事物之间的落差，善于从不同的角度看事物。如果你把幽默感运用于学习，努力寻找事物之间的联系，努力解决你碰到的疑问，那么一切难题都将被攻破。面对困难时，拥有幽默感，就能寻找积极面，寻找突破点，用平和的心态去解决，不再因为问题的存在而患得患失。

4.3.4 幽默应对情感压力

当代大学生是伴随着电视、电脑、网络成长起来的"新新人类"，所处的年龄阶段正是人生心理问题敏感阶段，在情感发展上表现出十分明显的时代特点。如何在这样一个情感危机高发阶段找到感情的依托，也是对大学生提出的一项挑战。

曾担任过国务卿的美国五星上将科特利特·马歇尔在他驻地的一次酒会上，请求一位小姐答应让他送她回家。这位小姐的家就在附近，可是马歇尔开了一个多小时的车才把她送到家门口。"你来这不久吧？你好像不认识路。"她问。

"我不敢那样说，如果我对这个地方不熟悉，我怎么能够开一个小时的车而一次也没有经过你的家门呢?”

姑娘被马歇尔的风趣逗笑了，后来，他们结成了夫妻。[18]

利用幽默在幽默群体中找到大家的相似之处，引起共鸣，就会被群体接受。许多大学生之所以会出现自卑感，主要是缘于他们对客观环境或对自我评价不客观。高中与大学生活的心理落差感和不平衡感、以往的失败经历、经济状况的对比以及生理上的缺陷等，使一些人产生了一种消极的心态，不能客观公正地认识自己与接纳自己，从而引发了强烈的自卑感。而幽默的心理正是应对这一问题的关键，能让你正确认识自我，克服自卑心理。

分享收集的幽默，能让你远离孤独。有孤独感的大学生，常常伴随有抑郁、恐惧、焦虑等不良的情绪情感体验。不同的文化背景的同学聚集在一起，很容易导致自我封闭、逃避群体等行为。幽默是群体的产物，分享幽默能打破内心封闭的世界，形成归属感。

经常使用幽默，能增强受挫折的能力。大学生的情绪情感体验是深刻而丰富的，但是心理表现极为敏感，自控能力弱，很容易不理智地去分析并解决问题。幽默是一种成熟的心理防御机制，让你全面看问题，冷静地分析和解决问题。

理工科男刚跟一个金融界的哥们吃饭。

金融界的哥们说道：“我刚送了女友一个2 000欧的包，她很喜欢。唉，现在女人真是不好养啊!”

理工科男恍然大悟：“我说呢，难怪我没有女友。我最多就能送个2 000欧的电阻给她。”

“欧元”和“欧姆”概念的混淆，轻松地解释了“没有女友”的原因。大学生追求爱情的愿望强烈，恋爱问题是大学期间比较关注的一个问题，这也是情感发展的需要，对亲密关系的追求把孤独的大学生引向恋爱是极其自然的事。但是，在恋爱问题上需要端正心态，缺乏责任感与严肃感的“寂寞期恋爱”是不可取的。

最后，美育的效果转化有利于幽默感的形成。美育，其实质就是情感教育。美育在培育大学生人性、丰富情感、陶冶情操、塑造心灵方面将发挥重要作用。幽默是一种美德，能有效克服嫉妒和强烈的以自我为中心的观念。美育为大学生培养正确的情感和幽默感奠定了基础，帮助大学生积极克服性格上的弱点，从狭隘的自我中解放出来，成为一个具有幽默感的人。

由于大学生的潜力和创新能力，大学生成为社会上广泛关注的一个群体。大学校园为大学生提供了一个极其广阔的平台，丰富的社会活动、日益精彩的生活，这正是培养幽默感的最佳时机和场所。网络的盛行，更为大学生灵感的触发和幽默的传播提供了通道。

笑容能够照亮所有看到它的人，带给人们温暖。大学是我们人生学习的重要阶段，生理和心理的重要成熟期，保持激情向上最重要。生活中多一些微笑，也就多一些快乐和融洽。如果你仔细收集记录了大学生活中发生的幽默点滴，你将拥有无限的回味和憧憬。幽默能为我们的青春岁月增添更多激情。

4.3.5 幽默应对就业压力

从2008年金融危机以来，大学生就业面临巨大的危机。面对严峻的就业形势，是避其锋芒，还是坚信果断就业是“通往春天的地铁”？从时间结果来看，大学生数量超出了需求的预期；从产业结构来看，中国产业结构与教育机制上有矛盾。如何用幽默的态度面对职业路径上的危机？

首先，幽默能让你有好的心态面对痛苦和磨难。幽默是激活潜能的催化剂，让你坦然面对就业压力，并将之转变成奋斗的动力。面对时间的突然充裕，正好可以发展自己的兴趣，发挥自己的长处，丰富的大学生活是要靠自己去营造的。

塞尔玛随夫从军，部队驻扎在沙漠地带，住的是铁皮房，与周围的人语言不通，当地气温很高。更糟的是，后来她丈夫奉命远征，只留下她一人孤独寂寞，因此她整天愁眉不展，度日如年，只好写信给父母。

好不容易盼来了回信，急忙打开一看，塞尔玛大失所望。父母既没有安慰她，也没说叫她赶快回去，上面只有三行字：“两个人从监狱的铁窗往外看，一个看到的是地上的泥土，另一个看到的却是天上的星星。”塞尔玛反复看，反复琢磨，终于明白了父母的苦心，于是决定留下来寻找“繁星”。

她一改往日的消沉，开始学习当地语言，主动与人们交朋友，结果发现他们其实都十分好客、热情；她喜爱当地的陶器与纺织品，人们便将舍不得卖给观光客的陶器、纺织品送给她作为礼物。她又开始研究仙人掌和其他沙漠植物的生长情况，并做了详细的观察笔记，这时她发现了那些植物千姿百态；她还掌握了土拨鼠的生活习性，并饶有兴致地寻找海螺壳……随即她拿起了笔，一本名为《快乐的城堡》的书出版了，并引起了很大的轰动。

周围的人没有变，事物没有变，心态改变了，一切都有了意义。横看成岭侧成峰，远近高低各不同，多一个角度看问题，就多一份灵感，是荒凉的沙漠，还是快乐的城堡，在于你自己的选择。

其次，幽默感将使你看上去更出色。乐观的心态往往让人感觉到自信与能力。在有强劲的专业背景的前提下，幽默就是你的优势。

再次，幽默是金，到哪都会发光。有了金子般的心态，最终是会实现自己与用人单位的双赢的。想当年孙悟空去天堂谋职的时候还不是被天上各路神仙实实在在地鄙视了一番，还不怀好意地让他当了个“弼马温”。我们这些普通人，偶尔遭受一下冷落，太正常了。

比尔正在认真进行一项生物实验。

他把一只跳蚤的脚切断两只，发声叫它跳，于是这只跳蚤跳了跳。他再切断它的另外两只脚，再叫它跳，跳蚤又跳了跳。比尔接着又切断了它仅剩的两只脚，再叫它跳，可怜的跳蚤没有反应。

实验终于有了结果，比尔满意地在实验报告上写上：“新实验得出的新结论：跳蚤在切断了六只脚之后，就会变成聋子。”

最后，幽默让我们远离精神近视眼。就业考验我们的耐力和心境，如果你气急败坏了，就是被打倒了。有时候你面临的威胁，并不是自身的能力和机遇上的不足，而是因为无法抵御各种刺激而导致情绪失控，采取了非理性行为。把目光投向远处，就能更坚定迈开脚步。

有人调侃“大学生是趴在玻璃上的苍蝇——前途一片光明，可是没有出路”。其实，成功就像挂在小猫尾巴上的铃铛，转着圈儿抓是抓不到的，但是只要你昂首大步往前走，成功自然就会跟随着你。

【注释】

[1] 梁海萍．我国公务员压力的状况分析．党政干部论坛，2009（3）．

[2] 佚名．动物教你混职场．脚本之家笑话，http：//xiaohua. jb51. net/joke/1229. html，2010－12－23．

[3] 张建军．调解中的幽默．现代企业文化，2008（23）．

[4] 县司法局基层科．陈小年的幽默调解术．象山普法网，http：//xspf. nbxs. gov. cn/Article/ArticleShow. asp？ArticleID＝329，2006－03－21．

[5] 李方舟，曹学荣．笑话．北京：中国社会科学出版社，2008．

[6] 佚名．饭局应酬定律．泰州都市论坛．西祠胡同，http：//www. xici. net/d42187693. htm，2006－09－03．

[7] 赵霁．王安石拒贿（2），http：//sjjd. jlu. edu. cn/new_ index/html/2006/show－2330. htm，2006－10－22．

[8] 徐永新．幽默的艺术．北京：中国人民公安大学出版社，1994．

[9] 小新．民间笑话：黑小送礼．笑话 ABC，http：//www. jokeabc. com/p/0120/2613. html，2010－12－23．

[10] Ivaneevieh J. M. & Matteson M. T. Stress and work，managerial perpective. *Glenview，IL：Scott Foresman*，1980．

[11] 英韬，徐鹏飞，夏清泉．《讽刺与幽默》20 年精华．沈阳：辽宁人民出版社，2001．

[12] 任新．办公室幽默．北京：民主与建设出版社，2003．

[13] 韩吉珍．我国教师压力研究述评．太原师范学院学报，2006，5（3）．

[14] 吴文．爆笑 e 族．北京：华文出版社，2007，19－24（冬季卷）．

[15] 佚名．爆笑新东方老师罗永浩语录．泡网俱乐部，http：//go. paowang. net/news/3/2006－06－19/20060619205929. html，2006－06－19．

[16] 王惟恒，孙建新．画说千古中医．北京：人民军医出版

社，2010.

［17］巫龙春．笑话笑园．北京：中国时代经济出版社，2002.

［18］Abel，M. H. & Maxwell，D. Humor and affective consequences of a stressful task. *Journal of Social and Clinical Pschology*，2002，21（2）.

［19］吕叔春．酷一族尴尬幽默．北京：中国档案出版社，2003.

第六章　旅游幽默减压

祖国江山美不美，全靠导游一张嘴。幽默是旅游大餐的调味剂，没有幽默的旅游是乏味的，充满幽默的旅游是舒心的。当你感觉有太多的压力、不堪重负的时候，幽默的旅游大餐是你不错的选择。

1 幽默导游

中国加入WTO后，乌拉圭在交涉服务贸易和旅游时，向我方提出了一个条件，即“外国人可以到中国当导游员”。于是我们的导游就有了竞争的对手，有了激进的动力。一些导游专著为中国的导游概括了所谓的导游必备的修养和条件后，导游这一行业似乎规范起来，但是国际上的导游专家不约而同地建议加上一条：导游一定要幽默。

1.1 看导游怎么幽默

旅游是为了愉悦身心。如果有一位幽默的导游伴行，旅程无疑会增色不少。导游幽默明显的特色就是能拿来就用，其微笑和幽默将会为你带来无限的舒心。

1.1.1 趣味导游词

导游词是导游引导游客观光游览时的讲解词。导游词是开心旅游的开始，是导游同游客交流思想、向游客传播文化知识的工具。旅游过程中，可以尽情享受导游带给你的幽默和欢乐，随导游的介绍走进自然，解放自己的身心。

旅游旅游，全凭导游。导游的职责主要就是给游客带来欢乐，而游客的主动权大都掌握在导游的口才之下。祖国江山美不美，全靠导游一张嘴。跟着导游走，吃喝啥都有，问啥啥都会，走着还不累。导游就是这么神通广大。

导游的幽默与相声小品的幽默又有不同。相声小品显然是人们所喜爱的充满幽默的艺术，这种幽默是以大师们的口出莲花、妙语连珠来表达的，我们平常生活中只能欣赏，难以运用。导游要有一张“婆婆的嘴”，有一颗“妈妈的心”，对待客人，要学阿庆嫂。导游的幽默就是平和的幽默，让人感觉到原汁原味的生活，起到润物细无声的效果。请看以下两例：

"明天你们就要回家了，在离别之前，我将带各位去上海外滩拍个纪念照，和上海'亲吻'一下，不知各位意下如何？"

在四川丰都"鬼城"时解说道："亡魂进入鬼国都必须持有'护照'，国籍、身份不明的亡魂是不准入境的。不过，这'护照'是阳间的叫法，在阴间则叫'路引'，以保证在黄泉路上畅通无阻。"[1]

"亲吻"，表现了一种亲和的幽默，拉近了上海风光与游客的关系，让人不禁会心一笑。"路引"，当然是常人所难以理解的一个词，但是与现实生活中的"护照"一对比，马上就有了一个具体的概念，哈哈大笑之余，解放了身心，还不得不佩服导游的幽默。

幽默是导游必备的一个法宝。历史文化、民情民风、精神风貌都蕴涵着无穷的幽默。下面一则故事摘自《太白游踪》[1]。

在安徽重寻太白游踪的时候，一处处普通的景物在导游的介绍中顿时看到了李白的影子，但是单调的赏诗显然满足不了游客的好奇心，于是导游讲了一个关于李白寻隐居之士许宣平的故事，说道："李白见江边一撑竹篙摆渡的老翁，上前便问，老翁笑呵呵地说：'门前一竿竹，便是许翁家。'李白听完之后低头赶路，走了一段方才恍然大悟：门前一竿竹不就是刚刚撑竹篙的老翁吗？再返回江边时，已经找不到许宣平了。"

在这里，导游制造了一个悬念，满足了游客的好奇心。偷换了"门前一竿竹"和"手中一竹篙"的概念，让游客们意犹未尽，幽默就这样产生了。导游的幽默让游客笑声不断，无疑放松了心情，减轻了压力，增加了旅游的趣味性。

1.1.2 听导游"侃大山"

导游善于同人打交道，生动、风趣而有现场感。在旅游的过程中，导游就是核心人物，即使不介绍旅游景点的时候，导游也是一个很好的聊天对象，让旅游远离枯燥，远离生活和工作的压力。

首先，也许大家会有这样的体会，和某些导游聊天，会让人感觉心情无比舒畅。导游可以满足每个人的自尊心。谁不说家乡好，和一个陌生人聊天，中国人都习惯从家乡开始说起。导游见多识广，会有足够的话题和你“侃”，让你产生“越扯越近乎”的感觉，从而忘记都市的喧嚣与冷漠。

在参观山西悬空寺的时候，一个叫许萍的导游是这么介绍自己的：“曾经有一位高僧这样讲我的名字：‘许是曾修胜善根，萍水相逢念佛缘。’开头的两个字，刚好是我的名字——许萍。”刚介绍完，大家就发出了笑声。

导游巧妙地在名字上下工夫，将名字与佛缘联系起来，为下面的寺庙介绍打下伏笔，让人印象深刻，大家都会情不自禁地对导游的博识与机智报以热烈的笑声。导游会通过适当的幽默方式与你进行沟通，真正意义上传达给我们这样一个信息：我是你完全可以信赖的朋友，我会随时来到你身边——当你需要我的时候。和导游聊天，可以活跃气氛，增加热情，缩短人与人之间的距离。

其次，游客可以从导游那里了解到各地的风土人情，也可以听导游有兴致地“唠”一些奇观异景。你可以从导游的“神侃”中体会祖国的山河，领略各地的风土人情，回味引人入胜的故事，完全忘记自己的烦恼。你可以在描述家乡好的同时，感受到聆听者的尊敬，体味到生活的美好。在相互的交流过程中神游世界美好河山，这将是旅游过程中的一次拓展。

再次，导游的职业能力让其拥有化解陌生感的神奇能力。在旅游途中，导游通常会给大家讲笑话，导游用夸张模仿来刻画其生动有趣的形象，突出其荒诞可笑之处，再加上才思敏捷、妙语连珠、滔滔不绝，能化解游客的压力，使游客得以放松。

一批游客在游览青岛小鱼山公园时，有人指着一个用 4 800 个青岛啤酒空瓶制成的龙问：“这里叫小鱼山，可为什么只有‘龙’而不见‘鱼’呢?”导游幽默地说：“为什么不见鱼，主要是因为鱼喝青岛啤酒过多而变成了龙。”[2]

这位导游故意将“鱼”和“龙”两个没有联系的事物，用“喝青岛啤酒太多”的原因捏在一起，在这种因果关系的错位和逻辑矛盾中就产生了幽默感。

最后，导游有时能给人以知识、信心和启发，使人乐观向上。适当的幽默往往也能达到意外的效果。

一位导游陪同欧美客人吃饭，席间客人对中国人使用筷子吃饭很感兴趣，并请导游示范。导游在示范过程中不小心将杯子碰落在地打碎了，“哐啷”一声，满座受到惊吓，一下子静了下来。客人们全都看着导游，导游耸耸肩说：“这在中国叫‘落地开花，金玉满堂’。”导游的幽默使客人又重新活跃起来，席上很快恢复了先前的热烈气氛。[3]

遇到这样幽默的导游，你还有什么压力？一下就消除了顾虑，心情肯定变得轻松起来。只要你全心投入到这次旅游，你就能体会到舒心和轻松的感觉。

1.2 跟导游学幽默

导游是一个特殊的身份，担当着双重角色：导游服务的供给者和旅游团队的领导者。跟导游既可以学应对幽默，又可以学管理幽默。

1.2.1 跟导游学应对幽默

导游是为大家服务的，既要具有很强的服务意识、很高的服务技能，又要帮助游客最大限度地享受旅游过程。在旅行的过程中，导游经常会碰到许多问题。导游管理一群来自不同地域的、有着不同性格的、不同年龄的、不同阶层的人，这是一门艺术。跟导游学应对幽默，不仅能让你有一种身处幽默氛围的感觉，而且还能把这些幽默技巧运用到日常的工作生活中，去应对你自己身边的一些突发情况。

导游经常要化解一些游客的激动情绪，比如有些游客不守时，有些游客喜欢独行，一下子找不到人，还有常见的一些生活起居问题。

乘坐过长途大巴旅行的人一定都有这样的经历：内急。几个小时的车程都是在高速公路上过的，这段时间最难熬。看到那些正襟危坐、含胸收腹、深深吸气、慢慢呼气，好似在练瑜伽的游客，双肩微耸屁股微撅，同时还不忘了喊导游。殊不知还没开口，导游就轻描淡写地说："是不是要方便？不急啊，快到厕所啦！"

导游对旅游途中会遇到的情况早就熟记于心了。于是乎，游客瞻前顾后、东张西望、提心吊胆，活脱脱一个痔疮患者穿越雷区的形象，而导游却波澜不惊。这样的淡定，让我们感觉好像是自己的不是了。导游的这般淡定，显然给了游客一颗定心丸，明知是上当了，却哭笑不得。想象这情景，多年以后在某个场合还能引起共鸣。

旅行车在一段坑坑洼洼的道路上行驶，游客中有人抱怨。这时，导游说："请大家稍微放松一下，我们的汽车正在给大家做身体按摩运动，按摩时间大约为10分钟，不另收费。"引得游客哄然大笑起来。[3]

这位导游员以"苦中求乐"的口吻把一件本来不轻松愉快的事说得痛快淋漓，造成了一阵抱怨情绪遽然化解的笑。当然这种苦中作乐的精神也是值得我们学习的，当我们遇到不顺心的事的时候，不妨从另外的角度去把这些不顺看成是上天的一种恩赐，那么，就不会产生过大的压力来伤害我们的健康了。

旅游中有时也难免会遇上一些让人意外的小插曲。下面是一个真实的事例，看一看导游怎么处理。

陈小丽是安徽省2004届金牌导游员。2005年5月29日至30日，在广州"广之旅"总经理郑宏的亲自陪同下，广东省副省长汤炳权一行来黄山考察游览，随行人员均是广东省分管旅游的各级领导。陈小丽接受了黄山新中旅行社的委派，全程陪同讲解。

临别时，大家合影留念，说来也怪，一只小虫盘旋在省长面前，怎么赶都赶不走，一时间，场面挺尴尬的。帮忙拍照的小陈瞧在眼里，突然灵机一动，走过来笑着说："咱们黄山可是人杰地灵的好地方啊，看！连虫子都是有灵性的，它一眼就认出了咱们的汤副省长。”

听了这话，汤副省长带头笑了起来，气氛一下子轻松起来。[4]

像日常生活一样，旅游过程中总会遇到很多预料不到的事。幽默思维和话语是解决问题的关键。像陈小丽导游，用恭维型的话语，结合当时的环境来化解尴尬紧张的场面，既解了围，又轻松博得大家一笑。这种幽默的心态和方法都是值得我们学习和借鉴的。

1.2.2 跟导游学管理幽默

导游要协调导游服务集体各成员之间的合作关系，督促和协助各地方接待旅行社安排、落实各项旅游活动，照顾好游客的旅行生活。因此，他是整个团队的领导者。

没有鳄鱼

佛罗里达的海滩和蓝天，对一个来自北方的游客来说显得格外迷人。游客正要去游泳，就问导游：“你能肯定这里没有鳄鱼吗?”

“没有，没有。”导游微笑着回答，“这里没有鳄鱼。”

游客不再担心，准备下海畅游，而后又想到一个问题：“你怎么那么肯定没有鳄鱼呢?”

“鳄鱼精灵得很，”导游答道，“它更怕鲨鱼。”

借用当前网络上比较流行的一句话：彪悍的人生不需要解释。这个导游算是把它用到了极致，先说没有鳄鱼，顺应游客的意思，再淡定地告诉他“鳄鱼怕鲨鱼”。从头到尾没有一句警告，但是警告的意味却蕴涵在轻松的调侃之中。以四两拨千斤的手法温柔地彻底“扼杀”了游客下海游泳的欲望，却没有半点伤人的意味。

将幽默用于带队管理，是一种软性的管理。幽默的导游完全拥有一个幽默领导的气质，既能轻松地化解矛盾和尴尬，令气氛活跃，也能展现自己良好的文化素养和丰富的文化知识：幽默导游是魅力无穷的。幽默导游能更好地赢得游客的尊重和爱戴，便于管理并提高领导效能，这种魅力正是我们在日常工作生活中需要具备的。

导游的警示

一批游客参观古堡，他们由于没有请导游而迷了路，万不得已的情况下找到了一个导游。在导游的带领下，他们参观了很深的地道，在那里看见了几具骷髅。

游客问："这些骷髅是怎么回事？他们怎么死在这里？"

导游说："我认为，他们一定是些舍不得花钱请导游的人。"

本来借以发挥古堡魅力的"骷髅"，被导游说成了"舍不得花钱请导游而迷路的游客"。以幽默方式打破了传统的回答方法正体现了幽默的奇妙启智性。用古堡的神秘感，借助移情、联想等手段，给人以出乎意料的心理震撼。这种移情的手法正是幽默的源头，巧妙地化解了游客请导游的不情愿感，大大方便了导游业务的开展。

如果我们能把旅游中看到的导游的这种奇妙启智性幽默运用到对下属的管理中，那么将会拥有比那些幽默感差的管理者更强的积极激励下属的能力，下属的工作满意度也将提高，从而大大提高领导行为的有效性，此次旅游也是"不枉此行"了。

2　幽默游客

旅游已经融入人民大众的生活中，但是有些人满载归来，甩开了一身忧愁，而有些人却达不到满意的效果。如何使其达到"益智、强身、减压"的目的？

2.1　游客幽默见闻共享

据初步调查，游客不满意的原因除去人们的文化背景、个人修养、审美能力、生活情趣、消费心理、旅游目的地资源等主客观因素的影响外，一个重要的因素就是旅游趣闻[3]。在旅游过程中善于发现"趣闻"，可以提高旅游质量，增添旅游情趣。

2.1.1 奇闻奇事逗开心

旅游过程中，团友可能来自五湖四海，大家在一起聊天的话题相对广泛。从自然奇观到宇宙奥妙，从未解之谜到科学探索，从灵异恐怖到奇人轶事，无所不包，每一个论题都将成为团友们茶余饭后的谈资。

第一，团友讲的奇闻奇事会增加旅游过程中的欢笑。听故事解压并不是新鲜事，但是通过团友的奇闻奇事来解压，就是我们提出的一个新的观点。日常生活过于无聊，刺激是解压的一大亮点，借助于现在很流行的一句话来说，就是：哥听的不是故事，是寂寞。你可以享受那种让人惊悚的紧张刺激以及刺激过后带来的放松。团友讲得最多的还是各自知道和了解的趣事，伴随着大家的故事欢笑，也是一种释放。

在德国的杜道森林布里德格罗姆有一棵远近闻名的老橡树，人称“橡树月老”。这棵老橡树有一个美丽的传说。相传600多年前一位王子在与敌人的格斗中遇险，被一位美丽的姑娘救起。王子与姑娘一见倾心，互结良缘。为报答姑娘的救命之恩，王子种了一棵橡树。

后人羡慕王子的良缘，纷纷在橡树下观望，希望巧识意中人。还有一些男女通过橡树传递情波，并在树下举行婚礼。久之，橡树就充当起“月老”的角色。

如今，每天都有收信地址为“D－2420杜道森林布里德格罗姆的橡树”的情书被投递到老橡树的树洞。这些信是公开的，每个人都可以拆阅，青年男女可以通过阅读信件寻找自己的意中人。如果找到中意的，就书信联系，约期相会。据说，通过此种方法，橡树月老已经使五千多对男女成佳偶。老橡树的名声越传越远，以至其他国家的年轻人为了寻找意中人，也把情书投向橡树月老，并且这种情书每年有800封之多。[5]

第二，从经过幽默加工后的故事中，你可以感悟很多重要的哲理，从而超脱压力的束缚。高人在民间，别看有些团友长相平淡无奇，说不准有一肚子故事。世事洞明皆学问，人情练达即文章。通过幽默的语言和故事，可以轻松感悟人间冷暖。你可以是一位纯粹的奇闻奇事讲解者，或者只是一位纯粹想满足好奇心的听众。

《旅游笑史》[6]是一本由许多幽默小故事组成的结构比较松散的幽默小说。小说讲的是包括“我”在内的三个年轻人，均感觉自己的健康状况十分糟糕：“我”觉得“我”的肝脏出了问题，因为所有肝病的症状“我”都有。并且，“我”觉得“我”患上了任何一种“我”能看到的疾病，而且病势凶险，因为那些病情都和“我”有过的自我感觉相吻合。而最主要的症状就是“不论什么样的活计一概不想干”。另外两个年轻人乔治和哈里斯也认为自己浑身是病，总是有莫名其妙的头晕目眩。于是他们三个决定休息和改变一下环境，来一次海上旅行。

《旅游笑史》记录了三人带上一条小狗去泰晤士河上游作一星期的旅游度假途中发生的经历，自然穿插了许多有关或是无关的趣闻轶事。故事中的主角的状况类似于如今很多患有抑郁症的人。作者罗杰姆把捕捉到的生活中可笑的东西大肆渲染和夸张，夹叙夹议地将其刻画得淋漓尽致，全书妙趣横生，使观众笑口常开，被给予很高的评价。

集合团友的幽默轶事，就像旅游中的幽默疗法，不仅可以得到平时难以体验的刺激和放松的感受，而且可以尽情地欢笑，从而得到一种精神的慰藉。

2.1.2　见闻轶事笑开怀

旅游过程中会看到一些令人喷饭的逸事，这些故事都将作为点缀，使我们的旅途变得轻松愉快，很快你就会忘记你所承受的压力。下面就是一位游客分享的见闻轶事。

飞机上坐在我前面的老太和我后面的几位老人都是走朝圣之旅的，老人们一个英文字母都不认识，让儿女们写了满满一张单子的基本应用英语就出发了。国航的空姐也挺纳闷地问他们的行程，老人家倒是实在地回答：“我们就是去拜佛的。”

直到空姐开始发印度入境单，老人家们才开始不安地前后左右找人帮忙。坐我过道隔壁的前一排的一个老外听了老人们的对话后，突然很自然地甩了一下长到腰际的金色马尾发，对坐我前排的老太说了一句十分纯正的北京话："我来帮你填吧。"

在老外基本填写好以后，老太太按着儿女写在本上的中翻英说出了三个字："3 克油。"周围笑声一片。[7]

姑且不论老外听了这句"英文"之后的反应，光是这一本正经学英语的神态就足够让我们忍俊不禁。

首先，旅游见闻是提升旅游质量的亮点，善于发现旅游中的亮点，才能收获快乐。

一般在中国，外国人都是循规蹈矩的形象。但是这一次在去虹桥机场的路上，我遇到件好玩的事：一男老外从前门上车后一路搭讪美眉，找人一起去喝咖啡。我一直对这个老外掏名片的速度比较感兴趣，于是频频偷看。每次见到他和某个美眉对话时，手上都是没有东西的，只是手指一动间就出来一张名片了。看得我惊诧不已。

免费看了一场"老外搭讪美眉"的戏，心情感到特别放松。从小事入手，善于发现趣事，不仅可以冲淡你对压力的感受，还可以冲走你对旅游过程中"累"的体会。

其次，旅游过程见到的活跃的话语，让你得到放松的享受，旅游质量也得以提高。

在火车站无聊等车的过程中，看到一个穿着一般的中年人走过来。旁边的某位年轻人说："一看就是有钱人。"

我心中正在疑惑，年轻人的朋友发话了："你是怎么看出人家有钱来了？"

年轻人说："你没看到人家喝的是'营养快线'？这就是有钱的象征。"

恍然大悟之后得出结论：原来“有钱人”只是喝得起“营养快线”而已。在旅游的途中如果能体会到这一种乐观的心境，那么生活中还有什么忧愁呢？

再次，在旅游活动中和当地人的互动，可以增加精神上的乐趣。

> 在埃及的几天里，感动我们的事情经常发生，特别是有一件事永远定格在我们心中。在我们即将离开之际，大家怀着依依不舍的心情望着窗外那片神奇的土地。飞逝而过的大漠和大漠中那些谜一样的金字塔，那些游走在沙漠中的贝都因人和他们的村庄，那充满诡秘的法老村、帝王谷反复撞击着我们每一个人的思绪。车上的气氛显得有些沉闷。这时，一个陪同的埃及人拿出他的手机，友好地告诉我们，他要为我们放中国歌曲，然后手机里响起了熟悉的旋律——《义勇军进行曲》。在异国他乡听到激昂的国歌声，那份惊喜、那份意外令我们无法言表。[8]

对旅行在外的人来说，沙漠中的国歌声是世界上最动听的音乐。这歌声，超越了旅游本身，深化成了祖国强大的标志。这段插曲不仅有趣味性，而且还提高了旅游的精神境界。

2.2 旅游欢笑体验

对于旅游趣事而言，不一定都是很有趣的那种，只要是可以让心情受到感染的事情，就是一件令人愉快的事情。

2.2.1 开心自助游

自助旅游是近年来兴起的一种旅游方式，即根据自身条件（包括时间、预算、身体状况等）自由选择服务组合的旅游类型。虽然操作起来比较烦琐，但摆脱了从前旅行社预先安排好的行程模式，更加随心所欲，自由自在，充满了多元化的个性元素。希望享受自由、深入、有特色旅游的人都会加入自助旅游的行列。

自助旅游是一种相当精致有特色的旅游形态。自助旅游的过程中，你都发现了哪些有趣的事物？都有哪些趣事发生在你的身边呢？不妨试着想想看，也许你会想出很多旅游趣事来和我们大家一同分享的。

有趣的食物

盐——希腊人祭神一定要用盐。匈牙利农民每当新居落成，必以盐撒在新居内外。在俄罗斯，面包夹盐，作为待客佳肴，是表示对客人的殷勤招待。

葱——在埃及农村，很多农民把葱作为真理的标志。他们在争论和诉讼中，常常手拿一根葱，高高举起，表示真理在手，并以此发誓。

蒜——许多土耳其人认为蒜能给人带来幸福，常常在家门口挂上几束蒜。而在匈牙利的某些农村中，人们有将大蒜放在孕妇床上的习俗，认为这样可以保护婴儿和母亲的健康。

番茄——假如缺少它，意大利馅饼就会变味，汉堡包会失去沙司，三明治和沙拉会没有生气。在欧洲的一些国家，男女青年恋爱时，则常以番茄作为礼物互相馈赠。

甜菜——在古代的波斯，甜菜被认为是一种“不吉祥”的东西，撒克逊人把甜菜作为拒婚的表示。

豇豆——阿拉伯人把豇豆作为爱情的象征，小伙子向姑娘求婚，一定要带上一把豇豆。女方嫁到男家，嫁妆里也少不了豇豆。

葱头——瑞士首都伯尔尼每年11月的第四个星期一是葱头节，城里的食品店、饭馆和商店做出各种葱头食品和以葱头为题的手工艺品，欢庆节日。

香蕉——佛门中人称香蕉为“智慧之果”。英国大文豪莎士比亚推崇香蕉为“天堂里的苹果”，还有人称香蕉为“圣果”。

首先，自助游可以让你摆脱枯燥单调的生活，投入到当地的风土人情中去，体会另一种生活的开心，洗去都市的喧嚣与重压。比如天津，历来就是著名的港口商埠，有着繁华的商业街和别具特色的西洋建筑，还遗留着租界的残影。这些临街建筑有很多是三角形的，给人以幽默和趣味之感，窄窄的街道上，自行车的铃声、汽车的“笛笛”声、小贩的吆喝声、小孩的嬉闹声、市民侃大山的声音，整个一曲“百老汇”。比如北京，你可以体会原汁原味的胡同文化，可以扎扎实实地品味一下京式幽默。

其次，自助游了解到的幽默旅游小常识，将会为旅游带来大乐趣。可能当你在为旅游做准备的时候，你的幽默减压之旅已经开始了。

德国某城镇规定，天黑以后不得成群结队地在街上闲逛。一天，某个家庭，包括主任及其五个子女、妹妹和准妹夫、丈母娘以及两个侄女，集体准备去镇上另一头的剧场。但是觉得警察会倾向于把他们看成“一群人”而不是“一家人”，因为“成群结队”并没有排除这一群人是一家人的情况。最后经过大家的商量，认为还是不要冒着被警察把他们一行人驱散的危险，于是决定分开走，到了剧院门口再集合。[9]

在德国，面对这些奇怪的规定，你可能哭笑不得。当然这样奇怪的规定只是少数，在大部分旅游的时间里，你还是会体验到自由、体验到放纵、体验到轻松的感觉。

自助游在形式上是轻松自在的，你可以不受生活和工作上的种种约束，投身到奇妙的旅游过程中，去发现美，发现欢笑，寻找幽默之旅。

最后，旅游可以让你暂时抛开严肃的规则，表达一个真实的自己。你可以在草地上大叫大跳欢笑，可以像儿童一样奔跑，甚至可以异想天开地对着大瀑布想：这里会不会有武林高手出现。

当你发现，你能用幽默的心态去发现自助游中新奇的事物，去感受周围的幽默语言，去体验放纵的开怀大笑时，那么，恭喜你，你已经从压力的魔爪下逃出来了。

2.2.2 团友搞笑游

旅游团内部的调侃肯定是难以忘记的，旅游团友的调侃有两种效果：

第一，旅游团团友的自娱自乐，可以拉近团友之间的距离。自娱自乐的形式很多，群众的力量是无穷的，只要能制造话题就能有开心和幽默。

1. 某游客戏说旅游商业化：山上有座庙，庙里有个老和尚。老和尚挡住道，一边晒太阳，一边卖门票。

2. 某旅游公司的广告：只要半个平米的价格，日韩新马泰都玩了一圈；一两个平米的价格，欧美列国也回来了；下一步只好策划去埃及、南非这些更为神奇的所在。几年下来，全世界你都玩遍，可能还没花完一个厨房的价钱，但是那时候，说不定你的世界观都已经变了。生活在于经历，而不在于平米；富裕在于感悟，而不在于别墅。

第一个例子以个别现象引出普遍共鸣，用一个古老的故事配合现代的现象，错位之后产生幽默，引发普遍深思；第二个例子颇具搞笑意味，旅游公司调侃房价，夸张幽默的同时，显示出了对于房价的无奈，是一个能调动大家发泄愤懑情绪的幽默话题。

旅游途中饿了，一群人进小店点餐："服务员，每人一碗手擀面!"

服务员答："不好意思，我们的机器坏了，手擀面没法做。请点其他主食好吗?"

刚听到这个故事的时候，都不知道有何幽默意味，但是细想就发现自己上当了：手擀面不是用手擀的，而是机器擀的，那还叫手擀面吗？这个悬念就产生了幽默，在笑的同时还使大家放松了心境。

第二，团友们的相互打趣，可以打发无聊的等待时光或是度过漫长的旅途。如果单是看树、看石，显然过于单调。旅游，最重要的是赋予周围景色以意义。一个团队出游，必定要浪费些时间在等人和协调上，这也是旅游时间的一部分，使这部分时间变得有趣，于无奈中寻自乐，不失旅游人的乐观心态。

旅游局新出台《新旅行社条例》，部分旅行社机械地处理有关条例，造成旅游的无奈和尴尬。有人这样打趣：

客人说："我们想在这个景点多玩会儿。"

导游说："不行，新旅游法规定，时间到了就必须走。"

客人说："我想观看印象刘三姐。"

导游说："行程里没有这个景点，想去看，肯定没门。"

客人说："我可以多加钱，给你小费，求你了导游。"

导游说："加钱也不让去，新旅游法规定，导游不能加景点，这是法律。"

客人说："我们想上洗手间。"

导游说："行程里没有安排，我不能私自改变行程，新旅游法规定的。"

客人说："那我忍不住要尿裤子了，你再不让去我就要投诉。"

导游说："那你就只当洗澡了，旅游法规定行程里没有包含的项目导游不能安排，投诉也没用。"

新的旅游条例规定，严禁追加成本，要把隐性消费提前在合同当中明确写出，意图维护游客的利益。但是有些旅行社意图钻旅游法的空子，面对这样无奈的真实现状，游客也只能自娱自乐了。

当大家开始渐渐熟悉的时候，偶尔来点小恶作剧也是调剂心情的一种方法。

我们站在船头，看着下面的河水，接着打了个寒战。头天晚上说好我们要大早起来，甩掉围毯和披巾，入水享受一下长距离游泳的乐趣。但是现在看来，不仅河水很冷，而且风也给人一种冷飕飕的感觉。

所有的人都开始打退堂鼓了，但是我不甘心完全认输，我想对事情来一个折中。下到河边只是往自己身上洒点水，因此我拿了一条毛巾小心翼翼地慢慢走上一棵树的向下伸进水里的枝干。天很冷，风吹到身上就像刀割一样。我想还是别洒水了，不如回船上去穿上衣服算了。于是我转身回去，没想到就在我转身的时候，那不中用的树枝断了，我和我的毛巾一起掉进了河里。

"天呐，罗杰下水了！真没有想到他有那么大的勇气！"当我浮上水面的时候听到他们说，并且大声地问道："你还好吧？"

我气急败坏，但是还是装作若无其事的样子："太棒了，你们快下来啊，不敢下来真是窝囊废。哪怕是给我金山银山我也不错过这次机会。你们怎么就不肯试一试呢？"

可是我就是没法说服他们。

每个人都不会承认自己的短处和尴尬事，都倾向于把自己说得很厉害。意外的尴尬让大家其乐融融地打趣。只要我们心怀善意，这样的搞笑意外也增加了旅游的内容，为生活增添了欢笑。

某团友A嫌另一团友B啰嗦，遂讥讽道："你是唐僧啊？"

B一愣，作伤心状："哎，别提我那学艺不精的徒儿了，他跟我可是差远啦！"

巧妙的对答，不仅免除了一场矛盾的争端，而且给人以大度和幽默的感觉。团友之间的这种打趣，既打发了无聊的时光，又让大家增进了彼此的了解，减轻了大家的压力，增添了旅游的趣味。

2.2.3 幽默小插曲

旅游中的一些小小尴尬，既让我们的旅游变得紧张刺激，又满足了我们的好奇心。这些小趣闻，让我们的旅程充满了乐趣，且成为旅游归来后回忆此次经历的一个亮点。

下面是某游客的亲身体验：

表姐的艳遇

这几天我们家一行人在游山玩水的途中认识了一名意大利人。他待人非常热情，对表姐尤为关注。旅行结束的前一晚，那意大利人突然拉着表姐告白："I love you very much, call me."

这真是令人感到意外，我们就开始打趣表姐。有人说："我知道你当年很有异性缘，但那时你年轻貌美，也不足为奇。想不到现在你雀斑满天飞，桃花运还那么旺，还旺到外国去了。"另一个接着说："你们不知道吗？外国人就是喜欢有雀斑的。"

表姐夫这次没有跟我们一起旅游，正在我们讨论的时候，表姐夫的电话打过来了，我们抢过电话添油加醋把今天的事说了一遍，电话那头一阵沉默，然后就挂断了。姐夫平时对表姐就有点漫不经心的，这下一定是生气了。

回程之后刚下车，竟然看到表姐夫就站在车下等。我们相视一笑，太阳从西边出来了。没想到此次小插曲竟然增进了两口子的感情。

生活中来点令人尴尬但是无伤大雅的小插曲，只要不影响主旋律，还是挺有趣的。幽默化解尴尬、化解冲突的能力是毋庸置疑的，用幽默化解旅游过程中的僵局，将会为旅游增添色彩。

游客肚饿，在饭店吃饭，点了一道当地名菜——油氽龙虾。菜上来之后，刚要开始吃，发现盘中的龙虾少了一只虾螯，于是就质问侍者。侍者无法解释，只好叫来老板。

老板上来一看，抱歉地说："真对不起，先生。你知道的，龙虾是一种好斗的动物，这只龙虾可能是在打架的时候被咬掉了一只螯。"

游客一愣，立马笑了："那请你给我调换一只打赢了的龙虾吧。"

在此情境中，随机应变的幽默给人带来很大的精神乐趣。当面临尴尬和冲突的时候，幽默的老板巧妙地避免了一场干戈发生。老板用幽默的语言指出了双方的分歧，没有批评，没有指责，也没有伤及任何人的自尊，让人忍不住称赞他的语言功夫和人品。这样的老板，折射出的是一个地方包容且幽默的风土人情，让游客感觉如坐春风。

此外，幽默还可以用于旅游应对。在旅游中经常会发生一些意外的小事故，如团友的恐高症、挑战失败、挫折、意外受伤、对旅游地不适应引发的缺氧、生病、突遇危险、冲突等，这些意外的状况将直接影响旅游的质量。幽默在应对旅游意外状况时，通常能化腐朽为神奇。

治疗恐高症的狠招

（1）在摩天大楼顶端来一场浪漫的约会。

（2）让你的兄弟好好在大楼顶端拿你"练练"。

（3）在极危险的高空玩一场高尔夫。

(4) 喜欢摄影的朋友可以尝试照一张所有人都不敢的巅峰之作。

(5) 可以尝试一下在摩天大楼顶端找一份刷油漆的工作。

(6) 负责给超级大钟调整时间。

(7) 当一名高楼大厦的建筑工。

(8) 在高空中享受美好的晚餐。

(9) 经常到屋顶接受神的祝福。

旅游途中，不管是有惊无险的幽默历程还是带有趣味的小插曲，都将是旅游幽默减压的亮点。只要你善于发现，有一颗充满幽默感的心，就能发现充满幽默的趣事，让你的旅游途中充满快乐和惊奇。

2.2.4　微笑放松体验

即使没有开怀的大笑，但是能让你有某种触动和感悟以及豁然开朗的体验，你的旅程也是充满幽默的。

幽默是一种舒爽的心态。畅玩中，放松的心情让我们彻底忘记了工作生活中的压力，一切不开心的事都在笑声和感悟中放开，欢愉的笑声赶走了我们的疲惫。

世界各国一些有趣的风俗

印度一些地方，过年不但不庆祝，反而相抱大哭。他们认为，元旦一开始，岁月易逝，人生短暂，用哭声来表示自己的感叹。有些地区的人们以禁食一天一夜来迎接新的一年，由元旦凌晨开始直到午夜为止。印度的元旦被人称为“痛哭元旦”、“禁食元旦”。

在阿拉伯人面前记得切勿露出鞋底，因为阿拉伯人觉得鞋底是一个人最脏的地方。

当朋友搬新家时，韩国人会给他们的朋友送肥皂当作乔迁之礼。目的是希望他们的朋友成功致富的速度就像肥皂泡泡那么快速、简单！

在哥伦比亚，用一只手的手指轻敲另一只手的手肘，可表示你觉得某人一毛不拔。

埃及人通常会“礼貌性地”拒绝别人第一次的邀约，一直坚持不断地再邀约，他们才会接受。

瓜地马拉人向人招手示意某人过来时，是以手臂上举，手掌朝下，动手指头的方式。美国则是手掌朝上。

印第安人视牛为神圣的动物，所以很多印第安人都不吃牛肉。自古以来，皮革制品也一直是印第安文化中送礼的禁忌。除此之外，印第安人也不用左手拿东西吃。

坦桑尼亚人不用左手接受或给出名片、礼物和信封等物品。

日本人吃面时会发出声音，表示食物美味。

如果你去中东人家做客，对他们的某件物品表示非常赞赏，那不管那件物品对他们来说有多么重大的意义，他们都会觉得必须将该物品赠送给你，所以切记不要对着中东人家的物品表现过多的赞赏！

保加利亚人同意你的说法时，以摇头表示；不同意时，以点头表示。

在印度尼西亚的爪哇岛，因为当地老鼠成灾，州当局宣布，男子要登记结婚，必须先打死25只大老鼠送交政府，否则不予办理结婚手续。

休闲享受型的度假线路比较适宜缓解压力、放松身心。旅游市场上有很多适宜减压的度假线路，譬如赏花系列，三四月份正是遍野的樱花、油菜花开得灿烂的时节，假期较长的游客可以前往日本赏樱花、韩国济州岛赏油菜花，或者至国内的赏花胜地婺源赏油菜花；也可以在城市周边找个度假村放松，如可以去泡温泉和水疗，寻找宁静的世外桃源。

幽默旅游胜地

宿雾薄荷岛被称为是菲律宾7 000多个岛屿中最美的一个，沙滩可以媲美马尔代夫，这里有奇特的巧克力山、落差3 000尺的海底悬崖、可爱的海豚群，是个原生态保存良好的海岛。巧克力山是薄荷岛独有的景色，也是世界十大奇景之一。由1 268个大小山丘组成的广阔区域，从高地观景坪举目远眺，这些小山丘会呈现出棕褐色，就像平地上放着一粒粒大大小小的巧克力，非常有趣。此外，坐上漂流竹筏，沿着薄荷岛原始茂密的丛林逆流而上，也让人心旷神怡。在薄荷岛的海上，你能见识到很多新鲜玩意儿。清晨时分，正是海豚浮出水面觅食的时间，坐上菲律宾特有的“BANCA”（中文名昵称是“螃蟹船”，因为窄长的船身两旁接驳了蟹脚般的支撑物以维持平稳，令整艘船模样宛如螃蟹而得名），向海的深处驶去，会发现精灵可爱的小海豚时而跃出水面。[10]

当你决定开始你的开心旅程的时候，就是放下压力的时候。你可以和动物呢喃，可以醉看日出日落，可以留恋山间美景、湖光山色，也可以毫无顾忌地疯狂叫喊。你会发现，原来还有另外一种生活存在，那就是远离压力的、欢乐新奇的生活。

来一次微笑放松体验，你将会增加对大自然的留恋，对人性的亲近。越来越多的人选择了回归自然、寄情山水、放松心境的出游。冒着大雨玩耍，感受微风吹到肌肤上的凉意，体味太阳洒在头发上的光泽，享受彻底远离喧嚣、远离烦恼的惬意。这一切，好像让身上的每一个细胞都呼吸到了新鲜的空气，疲劳不再待在你身边，像是找到了被偷走的时光。

【注释】

[1] 王连义．幽默导游词．北京：中国旅游出版社，2003.

[2] 马嘉青．幽默在导游中的妙用．百度文库，http：//wenku. baidu. com/view/cb0a92c5bb4cf7ec4afed03f. html，2010－12－05.

[3] 周玉娟．幽默在导游中的妙用．中国旅游报，2006－06－26（011）.

[4] 方伟．金牌导游员．黄山日报（第二版），http：//www. xiuning. gov. cn/html/news207_ 38561. htm，2008－11－04.

[5] 佚名．德国有趣的风俗习惯．开心夏令营，http：//www. xialingying. cc/Article/ozxs/20100607095939. html，2010－06－07.

[6]［英］罗杰姆·克·罗杰姆．旅游笑史．刘竞译著．上海：世界图书出版社，1996.

[7] 佚名．旅行趣事．欣欣旅游网，http：//www. cncn. com/article/

129815/，2009 - 10 - 24.

[8] 何静．旅游“趣闻”在旅游过程中的作用——以埃及旅游趣闻为例．重庆教育学院学报，2009，22（6）.

[9] [英] 罗杰姆·克·罗杰姆．旅游趣谈．刘竞译著．上海：世界图书出版社，1997.

[10] 佚名．逃离人群，享清风与美景．深圳新闻网，http：//www.sznews.com，2009 - 06 - 10.

附录1 中文幽默资源网站

1. 哈哈社区：http：//www. 51haha. net/club/index. php

开展栏目共建与交流、搞笑系列媒体产品门户服务、俱乐部社区、“做发帖王”赠书、发压岁钱等活动；与其他网站进行友情链接；增加非笑话内容。

2. 中国幽默网：http：//www. haha169. com/

以各类幽默，包括流行幽默、短信笑话、极品笑话、冷笑话、恶心笑话、幽默图片、爆笑网文、经典笑话等来积聚人气；与其他网站进行友情链接。

3. 中国文学网：http：//www. wokankan. com/joke/index. asp

包含原创作品、小说、八卦、校园时光和人间有情等板块，其中八卦板块包含幽默、笑话、打油诗、顺口溜等；与其他网站进行友情链接。

4. 中文幽默王：http：//www. haha365. com/

包含幽默论坛、相声小品、恐怖故事、综合趣味、智慧快餐、名人名言、哈哈趣闻等；与其他网站进行友情链接。

5. 汇雄文化：http：//www. showgood. com/

核心产品：《大话三国》、《小兵的故事》、《大黑小白》；与各种网站进行友情链接；动画制作。

6. 图片笑话　幽默图片：http：//cnoicq. com/gao/

包含幽默笑话、搞笑图片、音乐等内容；与其他网站进行友情链接。

7. 笑话加油站：http：//lib. blcu. edu. cn/per/003/index. htm

包含个人网页、各类笑话、游山玩水的感受和资料共享等；与其他网站进行友情链接。

8. 万达网：http：//www. china139. com/joke/

又称139探索器，首页是一个探索器，其本身也有探索器，人气不错；包含了一系列幽默笑话内容、在线游戏、flash小游戏和动漫等；与其他网站进行友情链接。

9. 新时代笑话：http：//www. mypcera. com/xiaohua/index. htm

网站收集了各类笑话20多万篇，是一个分页，但是独立性比较高；以分得很细的幽默内容来吸引人气；与其他网站进行友情链接。

10. 笑漫世界：http：//haha. pyinfo. ha. cn/

包含幽默笑话、网文、动画、视频、语音、漫画、音乐、挑战IQ等内容；与其他网站进行友情链接。

11. 嘻嘻哈哈笑话网：http：//www. xxhh. biz/

以各类幽默笑话、搞笑视频以及其他生活方面的内容来积聚人气；有俱乐部；与其他网站进行友情链接。

12. 1199开心网：http：//www. 1199. biz/

以幽默笑话、经典网文、搞笑图片、心理测试、谜语大全、在线算命、名人名言、脑筋急转弯和歇后语大全等吸引人气；与其他网站进行友情链接。

13. 笑话大全：http：//www. cxxty. com/

以各类分得很细的幽默内容来吸引人气；与其他网站进行友情链接。

14. 369笑话：http：//www. 369xh. com/index_ xh. asp

以各类幽默笑话、图片、搞笑歌词、新奇古怪的东西来积聚人气；设有“笑话周排行榜”；与其他网站进行友情链接。

15. 八目妖爆笑娱乐城：http：//www. haha168. com/

以各类幽默内容以及整人方面的内容来积聚人气，包含恐怖故事、整人工具、八卦杂文、小游戏等；有俱乐部社区；与其他网站进行友情链接。

16. 兖州信息港——爆笑站：http：//www. yanzhou. cc/joke/default. asp

包含爆笑图片、幽默网文、恐怖故事和搞笑动漫等，是一个综合性娱乐的网站；与其他网站进行友情链接。

17. 开心许愿墙：http：//www. kaixnet. com/

以各类幽默内容以及其他生活方面的娱乐内容来积聚人气；有俱乐部、论坛等形式；与其他网站进行友情链接。

18. 搞笑图片网：http：//www. jokepic. com/

19. 黑白搞笑网：http：//www. bwjoke. com/movie. htm

以各类笑话、幽默动画、图片以及其他生活方面的娱乐内容来积聚人气；有社区、论坛；与其他网站进行友情链接。

20. flash 动漫网：http：//www. f130. net/

以各类幽默 flash 来积聚人气；与其他网站进行友情链接。

21. 唧唧帝笑话大王：http：//www. 100flash. com/

以各类幽默 flash 以及在线游戏来积聚人气；与其他网站进行友情链接。

22. 笑话我爱你：http：//www. joke520. com/

以各类幽默内容来积聚人气；与其他网站进行友情链接。

23. 极品幽默笑话网：http：//www. jokesky. com/001/

以笑话大全、爆笑网文、顺口溜、爆笑图片及漫画集锦来积聚人气。

24. 百美图片资源网：http：//www. gg88. com/

主要以图片、动画来积聚人气，辅之以幽默笑话、网文；有俱乐部论坛；与其他网站进行友情链接。

25. 八杯酒娱乐世界：http：//www. babeijiu. com/info/120_1. htm

是一个人气很旺的网站，以各类笑话来积聚人气；与其他网站进行友情链接。

26. 无忧谷搞笑网：http：//www. 5ugu. com/

以各类幽默内容以及其他娱乐内容来积聚人气；与其他网站进行友情链接。

27. 腾讯笑话：http：//joke. qq. com/

是一个分页，其主页是人气很旺的 QQ 频道；以各类幽默内容以及其他娱乐内容来积聚人气，有论坛形式；与其他网站进行友情链接。

28. 中国艺苑：http：//www. china - gallery. com/gb/kucun/mh/

是一个分页，其主页是一个艺术网站；以漫画、连环画来积聚人气，主要收集了丰子恺、朱德庸的漫画。

29. 天下画集：http：//www. comicsworld. com/

以各类漫画来积聚人气，其本身是一个出版公司的网站，本网站实行会员制。

30. Yam 天空卡通：http：//comic. yam. com/

以各类幽默笑话、卡通来积聚人气；实行会员制；与其他网站进行友情链接。

31. 贵州信息港——幽默频道：http：//jok. gz163. cn/

是一个分页，其主页是人气挺旺的贵州信息港；以幽默、搞笑图片、相声小品、幽默动画来积聚人气；有俱乐部形式。

32. 洋洋兔漫画：http：//www. 0905. com. cn/

是一家公司的主页；以各类漫画来积聚人气；有俱乐部论坛；与其他网站进行友情链接。

33. 广东漫画网：http：//www. gdcartoon. com/

以各类漫画以及与漫画相关的内容来积聚人气；有俱乐部论坛；与其他网站进行友情链接。

34. 漫画大风堂：http：//www. acwind. net/

以各类漫画以及与漫画相关的内容来积聚人气；有俱乐部论坛、博客；与其他网站进行友情链接。

35. 风之动漫：http：//www. fzdm. com/

以各类漫画以及与漫画相关的内容来积聚人气；有俱乐部论坛；与其他网站进行友情链接。

36. 自由漫画联盟：http：//www. fcw. cn/main. php

以各类漫画以及与漫画相关的内容来积聚人气；有俱乐部论坛；与其他网站进行友情链接。

37. 三毛漫画网：http：//www. sanmaoworld. com. cn/

以“三毛”及其相关内容来积聚人气；与其他网站进行友情链接；有留言板。

38. 中漫网：http：//www. okcomic. net/

是一个综合型的以漫画为主题的涉及其他娱乐方面内容的大型网站；有俱乐部；与其他网站进行友情链接。

39. 漫友网：http：//www. comicfans. net/

是一本漫画杂志的主页；以各类漫画以及与漫画相关的内容来积聚人气；有俱乐部论坛；与其他网站进行友情链接。

40. 绿豆蛙动漫乐园：http：//www. uuwow. com/

是一家公司的主页，以绿豆蛙及其相关产品来积聚人气；有俱乐部论坛；与其他网站进行友情链接。

41. 创艺漫画：http://www.chuangyi.com.sg/

以各类漫画来积聚人气；与其他网站进行友情链接。

42. 小哈工作坊：http://vovo2000.com/

是一个正规的美术方面的网站；有留言板；可以网上教学，网上购物，网友投稿；与其他网站进行友情链接。

43. 动漫无限：http://www.comicer.com/

以各类漫画以及与漫画相关的内容来积聚人气；有俱乐部论坛，会员制；与其他网站进行友情链接。

44. 点点网站：http://www.dian-dian.com/

以漫画人物及其相关内容来积聚人气；有俱乐部论坛，会员制；与其他网站进行友情链接。

45. 妙音动漫：http://www.miaoyin.org/

是一家公司的主页；以原创漫画以及网友自作漫画来积聚人气；有俱乐部论坛。

46. 冷牧漫画馆：http://www.googlm.com/cn/

是一个综合型的以漫画为主题的涉及其他娱乐方面内容的大型网站；与其他网站进行友情链接。

47. 去看去看游戏网：http://www.7k7k.net/

以各类幽默 flash 涉及其他内容来积聚人气；有俱乐部；与其他网站进行友情链接。

48. 漫人网：http://yz.ehighsun.com/

是一个漫画社的网站；会员制；与其他网站进行友情链接。

49. 百灵动漫频道：http://comic.beelink.com.cn/

是一个分页，其主页是一个综合性的网站；以各类 flash 来积聚人气。

50. 笑话大全：http://www.iq888.com/

以各类笑话来积聚人气；与其他网站进行友情链接。

51. 哈哈漫画网：http://www.haha365.net/index.htm

以各类漫画以及相关内容来积聚人气；与其他网站进行友情链接。

52. KUKU 动漫：http://www.kukudm.com/

以各类动画、漫画以及相关内容来积聚人气；有俱乐部论坛；与其他网站进行友情链接。

53. 小番薯—卡通漫画馆：http：//kids. yam. com/comic/

是一个分页，其主站是一个综合性大网站；有俱乐部；以漫画、动画以及相关内容来积聚人气。

54. 幽默王：http：//joke. 04a. com. tw/

以各类幽默笑话来积聚人气；会员制；与其他网站进行友情链接。

55. SOS3－时尚娱乐：http：//www. sos3. com/

是一个分页，其主页是一个综合性娱乐方面的网站；以各类幽默视频来积聚人气；与其他网站进行友情链接。

56. 搞笑图片网：http：//www. jokepic. com/

以各类幽默图片来积聚人气；与其他网站进行友情链接。

57. 激情搞笑网：http：//www. ax001. com/

以各类幽默笑话、图片以及其他幽默内容来积聚人气；与其他网站进行友情链接。

58. 好心情中文网：http：//joke. goodmood. com. cn/

是一个分页，其主页是一个综合性网站；以各类幽默图片、网文来积聚人气；与其他网站进行友情链接。

59. 圣博梦想岛：http：//www. mmxxdd. com/

以各类幽默图片、视频来积聚人气；有论坛；与其他网站进行友情链接。

60. 开心果：http：//www. kxg. cn/index. htm

以各类笑话、网文以及其他幽默内容来积聚人气；有社区；与其他网站进行友情链接。

附录2　英文幽默资源网站

1. 2 Funny Pictures：http：//www. 2funnypictures. com/
提供各类幽默笑话，并与其他网站进行友情链接。

2. A fun world：http：//www. afunworld. com/
提供各类幽默图片及漫画，并以等级划分。

3. Asian Jokes：http：//www. asianjoke. com/
提供各类幽默故事、图片及视频。

4. Baby Pictures：http：//www. allbabypics. com/
提供各种可爱搞笑的婴儿照片，并以星级划分幽默等级。

5. Blonde Joke：http：//www. coolfunnyjokes. com/Funny – Jokes/Blonde – Jokes
提供各类幽默笑话，用星级划分幽默等级。

6. Celeb Jokes：http：//www. celebjokes. com/
提供各类幽默笑话，并与其他网站进行友情链接。

7. ColdCuts：http：//www. coldcutstw. com/
提供各行各业的漫画。

8. Comedy Zone：http：//www. comedy – zone. net/
提供各类幽默网站的地址，可以查找，并与其他网站进行友情链接。

9. Cool funny jokes：http：//www. coolfunnyjokes. com/
提供各类幽默笑话，并与其他网站进行友情链接。

10. crazy laughs：http：//www. crazylaughs. com/
提供各类幽默笑话，并与其他网站进行友情链接。

11. Dr. Quiz：http：//www. drquiz. com/
提供各种幽默测试，并与其他网站友情链接。

12. Dutch west：http：//www. dutchwest. tv/
提供各种连续的幽默故事，并与多人的BLOG进行链接。

13. Email a joke：http：//www. emailajoke. com/
提供各类笑话，并提供定制幽默笑话的服务。
14. Freaky Animals：http：//www. freakyanimals. com/
提供各种关于动物的幽默图片及视频。
15. Free Ecard：http：//www. ecardfunny. com/
提供各种幽默好笑的电子卡片，并与其他网站友情链接。
16. Funny Cartoons：http：//www. halfthedeck. com/
提供各类幽默故事、图片及漫画，并与其他网站友情链接。
17. Funny Heck：http：//www. funnyheck. com/
提供各类幽默故事、图片及 flash，并与其他网站友情链接。
18. Funny humor：http：//www. funnyhumor. com/index. php
提供各类幽默笑话，并提供下载，用星级划分幽默等级。
19. Funny Pet Pictures：http：//www. funnypetpictures. com/
提供各种关于动物的幽默图片及视频。
20. Funny videos：http：//www. unoriginal. co. uk/
提供各种幽默视频，并与其他网站友情链接。
21. Funny Ville：http：//www. funnyville. com/
提供各类幽默故事、图片及广告视频，并与其他网站友情链接。
22. Funny. co. uk：http：//www. funny. co. uk/
以各类幽默图片、笑话以及其他娱乐内容来积聚人气。
23. FunnyStory. cc：http：//www. funnystory. cc/
提供各种幽默小故事，可注册并上传自己的幽默故事。
24. goofy animals：http：//www. goofyanimals. com/
提供各种关于动物的幽默笑话、图片及视频。
25. Humor Links：http：//www. humorlinks. com/
提供各类幽默网站的地址，并可以查找。
26. Humor Source：http：//www. humorsource. com/
提供各类幽默网站的地址，并可以查找。
27. HumorStart4All：http：//humor. start4all. com/
与 google 联合，可在网站上进行各类幽默的查找，并与其他网站进行友情链接。

28. Insane Pictures：http：//www. insanepictures. com/

提供各类幽默故事、图片及视频，并与其他网站友情链接。

29. joke – around：http：//www. joke – around. com/

提供各类幽默笑话及图片，并与其他网站进行友情链接。

30. JokePro. com：http：//www. jokepro. com/

提供各种笑话、视频、图片、游戏，并与其他网站进行友情链接，与google 联合，可进行各类幽默的查找。

31. Juicy Rumors：http：//www. juicyrumors. com/

提供各种幽默新闻事件及传闻。

32. Laugh directory：http：//www. laughdirectory. com/

与 google 联合，可在网站上进行各类幽默的查找，并与其他网站进行友情链接。

33. Lots of Jokes：http：//www. lotsofjokes. com/

提供各类幽默故事、图片等，分类明确。

34. Pbbt Humor Directory：http：//www. pbbt. com/Directory/

以各类幽默图片、笑话以及其他娱乐内容来积聚人气，可在网站上进行各类幽默的查找。

35. Real Humor：http：//www. realhumour. co. uk/

提供各类幽默笑话，用星级划分幽默等级，与其他网站友情链接。

36. silly laugh：http：//www. sillylaughs. com/

提供各类幽默笑话，并与其他网站进行友情链接。

37. So Funny Joke：http：//www. sofunnyjoke. com/

提供各类幽默视频、笑话、游戏及图片，并以星星划分幽默等级。

38. Teen Laughs：http：//www. teenlaughs. com/

提供各种笑话、视频、图片、游戏，并与其他网站友情链接，可进行网上定制。

39. The Punch Line：http：//www. thepunchline. com/

提供各类幽默网站的地址，并可以查找。

40. Web comics：http：//www. webcomics. com/

各种漫画，并可以定制以邮件的方式发送。

41. Winners！The Comedy：http：//winnersthecomedy. com/

喜剧“Winners”的网站，可找到关于此喜剧的相关资料。

42．Wow Animal Picture：http：//www. wowanimalpictures. com/
提供各种关于动物的幽默图片及视频。

43．zany laughs：http：//www. zanylaughs. com/
提供各类幽默笑话及图片，并与其他网站进行友情链接。

44．英语笑话幽默：http：//www. ywhc. net/article/class_ 1. asp
一个网站的分页，提供英汉对照的英语笑话。